大家まゆみ
Mayumi Oie

本田伊克
Yoshikatsu Honda

編

これからの教職論

教職課程
コアカリキュラム
対応で
基礎から学ぶ

ナカニシヤ出版

まえがき

　本書は，教職課程コアカリキュラムの教職必修科目「教職の意義及び教員の役割・職務内容（チーム学校運営への対応を含む）」に対応する教科書として刊行した。同科目の「全体目標」は「現代社会における教職の重要性の高まりを背景に，教職の意義，教員の役割・資質能力・職務内容等について身に付け，教職への意欲を高め，さらに適性を判断し，進路選択に資する教職の在り方を理解する」ことである（文部科学省「教職課程コアカリキュラムの在り方に関する検討会」，2017）。教職課程を履修する学生が「全体目標」に到達できるように，コアカリキュラムが示している同科目の４つの「一般目標」に沿うように，本書は「第１部　グローバル社会における教師と教職の意義」，「第２部　教師の仕事と役割」，「第３部　制度，組織の中の教師」，「第４部　これからの社会と教師」の４部から構成されている。以下，４つの「一般目標」と本書の各章を対応づけて解説する（p. iii の図も参照）。

　まず，コアカリキュラム「(1) 教職の意義」の「一般目標」は「我が国における今日の学校教育や教職の社会的意義を理解する」ことである。そのための「到達目標」として，コアカリキュラムには「1) 公教育の目的とその担い手である教員の存在意義を理解している」「2) 進路選択に向け，他の職業との比較を通して，教職の職業的特徴を理解している」の２点が挙げられている。本書では「到達目標」の 1) を主に 12 章「日本国憲法・教育基本法・児童の権利条約と子どもの権利」で，そして 2) を主に２章「教師の文化とその専門性のゆくえ」，５章３節「キャリア教育（進路指導）」，９章「教師のワーク・ライフ・バランス─仕事にやりがいを感じ，健康で充実した生活に向けて」，11 章「教師としての成長・発達」で扱う。

　次に「(2) 教員の役割」の「一般目標」は「教育の動向を踏まえ，今日の教員に求められる役割や資質能力を理解する」ことである。そのための「到達目標」は「1) 教職観の変遷を踏まえ，今日の教員に求められる役割を理解して

いる」と「2）今日の教員に求められる基礎的な資質能力を理解している」の2つである。本書では「到達目標」の1）を主に序章2節「教職の誕生」と1章「日本における教員養成と教師の歴史」で，そして2）を主に序章3節「現代社会の教育課題と教師」，3章「多文化共生社会と教師—外国人の児童生徒の受け入れと日本語指導」，4章「『学び』に誘う教師に求められること」，7章「教職とICT」で扱う。

　そして「(3）教員の職務内容」の「一般目標」は「教員の職務内容の全体像や教員に課せられる服務上・身分上の職務を理解する。」である。そのための「到達目標」は，「1）幼児，児童及び生徒への指導及び指導以外の校務を含めた教員の職の全体像を理解している」，「2）教員研修の意義及び制度上の位置付並びに専門職として適切に職務を遂行するため生涯にわたって学び続けることの必要性を理解している」，「3）教員に課せられる服務上・身分上の義務及び身分保障を理解している」の3つである。本書では「到達目標」の1）を主に5章2節「生徒指導と教育相談の課題」と10章「生徒指導と教師のメンタルヘルス—持続可能な生徒指導のあり方を考える」で，2）を主に8章「教師の義務と権利」，11章「教師としての成長・発達」，13章「激動の時代を生きる教師—学び続ける教師の成長」で，そして3）を8章「教師の職務と権利」で扱う。

　最後に「(4）チーム学校運営への対応」の「一般目標」は「学校の担う役割が拡大・多様化する中で，学校が内外の専門家等と連携・分担して対応する必要性について理解する」である。「到達目標」は「1）校内の教職員や多様な専門性を持つ人材と効果的に連携・分担し，チームとして組織的に諸課題に対応することの重要性を理解している」である。本書では主に2章「教師の文化とその専門性のゆくえ」，5章2節「生徒指導と教育相談の課題」，6章「保護者・地域住民との連携と教師の役割」，10章「生徒指導と教師のメンタルヘルス—持続可能な生徒指導のあり方を考える」で扱う。

　本書が教職課程を履修し，将来を模索している学生，そして教育・学校関係者の皆様に広く読まれ，教師になるための一助となることを願ってやまない。

　2021年12月

編者　大家まゆみ・本田伊克

【コアカリキュラム「教職の意義及び教員の役割・職務内容
（チーム学校運営への対応を含む）」】　　　　　　　　　　　　【主に対応する章】

（1）教職の意義

一般目標：我が国における今日の学校教育や教職の社会的
意義を理解する。

到達目標

1）公教育の目的とその担い手である教員の存在意義を理解
している。　　　　　　　　　　　　　　　　　　　　　　　　➡ 12 章

2）進路選択に向け，他の職業との比較を通して，教職の職
業的特徴を理解している。　　　　　　　　　　　　　　　　➡ 2 章，5 章 3 節，9 章，11 章

（2）教員の役割

一般目標：教育の動向を踏まえ，今日の教員に求められる
役割や資質能力を理解する。

到達目標

1）教職観の変遷を踏まえ，今日の教員に求められる役割を
理解している。　　　　　　　　　　　　　　　　　　　　　➡ 序章 2 節，1 章

2）今日の教員に求められる基礎的な資質能力を理解している。　➡ 序章 3 節，3 章，4 章，7 章

（3）教員の職務内容

一般目標：教員の職務内容の全体像や教員に課せられる服
務上・身分上の職務を理解する。

到達目標

1）幼児，児童及び生徒への指導及び指導以外の校務を含め
た教員の職務の全体像を理解している。　　　　　　　　　➡ 5 章 2 節，10 章

2）教員研修の意義及び制度上の位置付並びに専門職として
適切に職務を遂行するため生涯にわたって学び続けるこ
との必要性を理解している。　　　　　　　　　　　　　　➡ 8 章，11 章，13 章

3）教員に課せられる服務上・身分上の義務及び身分保障を
理解している。　　　　　　　　　　　　　　　　　　　　➡ 8 章

（4）チーム学校運営への対応

一般目標：学校の担う役割が拡大・多様化する中で，学校
が内外の専門家等と連携・分担して対応する必要性につい
て理解する。

到達目標

1）校内の教職員や多様な専門性を持つ人材と効果的に連
携・分担し，チームとして組織的に諸課題に対応するこ
との重要性を理解している。　　　　　　　　　　　　　　➡ 2 章，5 章 2 節，6 章，10 章

図　コアカリキュラム「教職の意義及び教員の役割・職務内容（チーム学校運営への対応を含む）」
　　の到達目標と各章の対応表

目　　次

第2部　教師の仕事と役割

第 3 部　制度，組織の中の教師

第 4 部　これからの社会と教師

序章

現代社会の教育課題と教師

1　はじめに

　序章では，教師に求められる社会的役割の変遷や専門職としての教師に関する議論を踏まえたうえで，子どもの貧困や教育的ニーズの多様化（言語・文化的マイノリティや障害）など，教師が取り組まなければならない教育課題について概観する。

2　教職の誕生

　本節では，教師像の歴史的変遷を辿りつつ，教職の誕生と展開について検討する。

(1) 職業としての「教師」の誕生

　教育が人間に特有の営みであることを踏まえると，大人が子どもに教える，あるいはより知識や技能に熟達した者がより未熟な者に対して教える，という営みは人類の誕生とともに様々な形態で存在していたと考えられる。古代ギリシアでは，人々に知識や弁論術を教える「ソフィスト」が職業的教師として活躍していたが，哲学者・ソクラテスは教える者と教えられる者との「対話」の中で真理を探究するという「教育」のスタイルを提示した（13章5節も参照）。一方，様々な知識・技能を体系的・組織的に教授するための「学校」は，古代ギリシアの「アカデメイア」，中世ヨーロッパにおける修道院学校などにみら

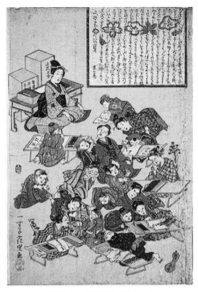

図序-1　文学ばんだいの宝

（末の巻一寸子花里　弘化 3（1846）年頃（公文教育研究会所蔵））

れ，知識人や聖職者が教育活動を展開した。ただし，これらの教育機関において教育を受けられるのは，聖職者や貴族などごく一部の階級の人々に限定されていた。

　ヨーロッパ社会では，宗教改革の影響，印刷技術の改良に基づく文字を媒介としたコミュニケーションの増大などにより，16世紀頃から一般民衆に対して初歩的な文字の読み書きを教える動きがみられた。17世紀後半の啓蒙の時代の到来，さらには国民国家の出現に伴い，近代的な学校教育制度に基づく教育が一般民衆に普及していくことになる。

　日本では，17世紀後半には民衆が当たり前のように文字を読み，書く「文字社会」が成立し（木村，2019），民衆に文字の読み書きを教える営みがみられる。当初は武士や僧侶が「寺子屋」や「手習塾」など[1]を開いて教えていたが，17世紀には「手習師匠」が職業として確立し，一般庶民や女性も師匠となり，多くはパートタイムで庶民の子どもたちに文字の読み書きや算術などを教えた（図序-1）。「寺子屋」や「手習塾」の開業数は時代が下るとともに増加するが，天明，天保の大飢饉の際に急増していることから，民衆にとって文字の読み書きを学ぶことは，自らの「生存」に直結するものと認識されていたことがわかる。ただし，「寺子屋」や「手習塾」は完全に民間の自生的な教育組織であり，国家的な介入は基本的に存在しなかった。通塾は民衆の判断に委ねられ，統一的なカリキュラムや通塾期間は存在せず，手習師匠になるために特別な資格要件も存在しない。この点において，前近代的な民衆の「学び」は洋の東西を問わず，国家的な介入とは無縁であった（1章も参照）。

　一方，支配層である武士の子弟を対象とする藩校は18世紀半ばから普及し

始め，幕末にはその数は 200 を超える。学問内容についても，漢学に加え医学や洋学などを含む近代化が図られた。庶民とは異なり，武士の子弟が藩校で学ぶことは半ば「義務」であった。さらに「学問吟味」を頂点とする官吏登用と結びついた試験制度が確立したことにより，武士の子弟が習得すべき学習内容および学習階梯<ruby>階梯<rt>かいてい</rt></ruby>は一定程度，全国的に平準化された。この意味において，幕末の藩校は近代学校教育的な要素を胚胎していたといえる（橋本，1993）。

　近代国民国家の成立過程で，一般民衆に対する義務制の学校教育制度に根差した教育の普及は国家の優先事項として浮上する。日本では 1872（明治 5）年の「学制」発布に伴い，近代的な教育内容を身分，性別，地域に関係なく子どもに教授するための小学校の設立，そして小学校で教育活動を行う教員養成が急務となる。ここで留意しなければならないのは，前近代と異なり，教育対象は一部の人間から学齢期の子ども全体へと拡大し，教育対象者が量的に拡大しただけでなく，教育に対する動機づけの面においても，能力的な面においても多様化したという点である。前近代とは異なる実学に基づく近代的な教育内容を，大衆化した多様な教育対象に，一定期間で一様に定着させるためには，教育内容のみならず教授方法を体得した「教員」を安定的に供給することが不可欠となる。このような背景のもと，近代学校という組織を支える教員を養成する教育機関として，師範学校が設立されることとなった（1 章 2 節も参照）。

(2) 教師から教員へ（1 章 2 節も参照）

　1880 年代以降，日本の教育は国家主義的教育体制に組み込まれていくこととなり，教員も国家が要求する役割を果たすことが求められるようになる。これを明確に反映するのが，1881（明治 14）年の「小学校教員心得」である。さらに，師範学校における教員養成や教員が国家的要求に応ずる存在であることを決定づけたのが，1886（明治 19）年の師範学校令であった。

　師範学校令の施行に中心的な役割を果たした初代文部大臣・森有礼は，教員が生涯を通じて教育の「奴隷」となり[2]，国家の犠牲となる覚悟を示すべきであるという「聖職者としての教師像」を提示した。

　　……師範学校ノ卒業生ハ教育ノ僧侶ト云テ可ナルモノナリ，乃チ師範学校

> 卒業生ハ教育事業ヲ本尊トシ，教育ニ楽シミ苦シミ一身ヲ挙ケテ教育ト終
> 始シ而テ己ノ言行ヲ以テ生徒ノ儀範トナルヘキモノナリ（以下略）
>
> （大久保，1972b，p. 509）

> ……師範生徒タル者ハ自分ノ利益ヲ諮ルハ十ノ二三ニシテ其七八ハ国家必
> 必ノ目的ヲ達スル道具即チ国家ノ為メニ犠牲ト為ルノ決心ヲ要ス（以下略）
>
> （大久保，1972c，p. 563）

さらに森は，自律的に真理を探究する「学問」と他者の指導によって知識・技能を獲得する「教育」とを区別し，師範学校における教育は「芸能」（知識・技能）の獲得よりも，被教育者や国民全体の模範となる人格の養成を重視すべきであると主張している。

> ……而シテ教員タル者ハ学問モ必要ナリト雖モ是第一ノ目的ニ非ス，教
> 育ノ目的ヲ達セントセハ第一ニ人物正確ニシテ能ク人ヲ薫陶スルノ力ナ
> カル可ラス（以下略）
>
> （大久保，1972d，p. 606）

森の構想は第二次世界大戦前の日本において，師範学校を頂点とする閉鎖的な教員養成制度を規定し[3]，1890（明治 23）年の「教育ニ関スル勅語」（教育勅語）渙発と相俟って，国家に犠牲的に奉仕する「聖職者的教師像」を定着させた[4]。師範学校は教育内容や教育方法，技術について専門的・集中的な研究・教育活動を展開したが，教員に認められたのはあくまで国家が要請する範囲内での研究・教育であり，専門職としての教員の自律性は担保されていなかったのである[5]。

(3) 第二次世界大戦後の「民主化」と教師（1 章 3 節も参照）

　敗戦に伴う民主化の動きは，戦後の教員養成制度や教師像を大きく改変した。1949（昭和 24）年には教育職員免許法が制定され，教員養成は大学で行い，教職課程において一定の単位を取得した者にはすべて免許状を授与する「開放制免許制度」が発足した。大学での教員養成は，幅広い一般教養と専門的知識

を備えた教員を養成することを意図しており，教員の専門職性確保に一定の配慮がみられる。さらに，1947（昭和 22）年に示された『学習指導要領一般編（試案）』は以下のように述べている。

> 学習指導要領は，どこまでも教師に対してよい示唆を与えようとするものであって，決してこれによって教育を画一的なものにしようとするのではない。教師は，学習指導要領を手びきとしながら，地域社会のいろいろな事情，その地域の児童や生徒の生活，あるいは学校の設備の状況などに照して，それらに応じてどうしたら最も適切な教育を進めていくことができるかについて，創意を生かし，くふうを重ねることがたいせつである。
>
> （文部省，1947，序論所収）

　この文章には，第二次世界大戦前の中央集権的な教育制度を打破し，教員が地域，児童生徒，学校の事情に応じてカリキュラムの策定に関わるべきであるという，教員の自律性に関する積極的姿勢を見出すことができる。実際，戦後は教員の努力により，様々な地域教育計画やカリキュラムの策定が行われた。また 1947（昭和 22）年には日本教職員組合（日教組）が組織され，51（昭和 26）年には「教師の倫理綱領」を発表して，教員の労働条件の向上と教員相互の自主的な教育・研究活動の推進が図られた。教員が労働運動に参加することに対しては，組合内部でも意見の相違がみられたものの（佐久間，2019b），第二次世界大戦前には生活の困窮を訴えることすらままならなかった教員が[6]「労働者としての教師像」を提示し，教員の労働条件の改善や権利擁護を主張したことには，一定の意義があるといえよう。

　一方，朝鮮戦争の勃発に象徴される冷戦体制の激化に伴い，戦後日本の教育改革の方向性は，復古的色彩を帯びた所謂「逆コース」へと転換していくことになる。1956（昭和 31）年の「地方教育行政の組織及び運営に関する法律」（地教行法）施行以降，文部省（当時）を中心とする中央集権的な教育行政を再構築する動きは加速し，教員の政治活動や組合活動，労働運動との関わりは厳しく制限され，教員は「政治的中立性」を維持することを強く求められるようになった。

　また，1958（昭和33）年以降，学習指導要領が法的拘束力をもつようになると，教員は教育目的や内容の自律的検討が制限された条件下で，学習指導要領に定められた内容を効率的に子どもに教える「技術」や「方法」の熟達が求められるようになった。60年代半ばから70年代にかけては，科学技術の発達が著しく，教育の科学化運動（どんな教師でも，新しい教育技術，教育内容を教えられる方法の開発）が進み，全国の国立教員養成系大学や学部に教育工学が設置されたこと，1970年代には現職教員の再教育を目的とした新構想大学（兵庫教育大学，上越教育大学，鳴門教育大学）が設立されたことも，この動きに拍車をかけた。結果的に，60年代後半から70年代にかけて，教育内容や技術に関する教員の自主的な研究活動が活性化し，「技術的熟達者としての教師像」が提示された。その一方，「技術的熟達者としての教師」を目指す研究活動は，あくまで文部省が定めた範囲内にとどまり，教員自身が教育目的や理念などを自律的に問う動きからは疎外されていたことに留意する必要がある。

(4)「専門職としての教師像」の模索と教師の「公僕化」（2，8章も参照）

　1960年代頃から，教職を専門職として定義し，専門職としての自律性，職業倫理を確立しようとする動きが世界的にみられるようになる。国際労働機関（ILO）と国際連合教育科学文化機関（UNESCO）による「教員の地位に関する勧告[7]」（1966年）は，その起爆剤となるものであった。「教員の地位に関する勧告」は，教育を受ける権利は子どもの基本的人権であり，この権利の保障は公共の利益に資するという観点から，教員には専門職として適切な地位を与えられるべきであるとし，「専門職としての教師像」を提示している。具体的な勧告の内容としては，教員は専門職を支える知識や技術を獲得するために不断の努力をすること，教育の専門家集団による職業倫理の確立，教員が教育政策の策定に積極的に参画すること，教員の労働条件の整備を含めた教員の権利保障を行うこと，が挙げられる[8]。これを機に，教職の専門性に関する研究が欧米を中心に進展し，日本でも1980年代頃から教員の知識基盤や実践的思考，判断の様式に関する研究が展開されるようになる。

　2000年代になると，教育行政において「専門職としての教師像」を模索する動きがみられるようになった。特に「教師教育の高度化」や「教員養成の高

度化」が重視され，2002（平成 14）年の中央教育審議会答申「大学院におけ
る高度専門職業人養成について（答申）」（中央教育審議会，2002）をもとに，
2008（平成 20）年には教職大学院が設立され，2012（平成 24）年の中央教育
審議会答申「教職生活の全体を通じた教員の資質能力の向上方策について（答
申）」（中央教育審議会，2012）では，教員が高度職業専門人として明確に位置
づけられた[9]。

　しかしながら，一連の動向で模索される教職の専門職性の内容は，教育行政
に依拠する部分が多く，「教員の地位に関する勧告」で示された自律的な専門
職性とは程遠い。佐藤（1997）の示した図式（図序-2）に従えば，中央集権的
な教育行政制度で求められる「資質」や「能力」を発揮する「公僕（public ser-
vant）としての教師像」が「高度職業専門人」という位置づけと表裏一体の形
で提示されたといえる。

　専門職としての教師教育や教員養成の高度化を担う教職大学院であるが，定
員充足率は 2020（令和 2）年度時点で 80% 程度にとどまっているのが現状で
ある（文部科学省，2019c）。教職大学院は「理論と実践の統合」を理念として
設立されたものの，教員の「行為についての省察」を可能にするマクロな視点
からの授業はほとんどなく，「実践的指導力の育成」の名のもとに知識やスキ
ルの伝達が中心となっているという指摘もある（油布，2016）。したがって，
高度専門職としての教員養成に資する教職大学院のあり方については，今後さ
らなる検討が必要である。

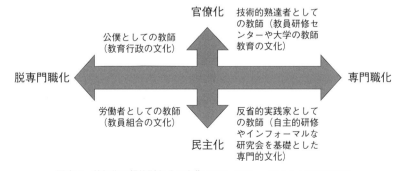

図序-2　教師像の規範型とその文化（佐藤，1997，p. 91 をもとに筆者作成）

　一方，教育現場においては，教員の専門職性の発揮が揺らいでいる。佐久間(2019a) は，教職のプロフェッショナリズムに関する国際調査（OECD, 2016）から，日本では国際的にみても教員の自律性があまり重視されず，OECD 加盟国の中でも教員が自己決定できる事項が圧倒的に少ないことを指摘している（佐久間，2019a, pp. 68-70）。「専門職としての教師」を育成するのであれば，教員養成制度の改善のみならず，教育現場においても教員が自律的に思考・判断する力を養い，専門職性の発揮を可能にする制度の構築が不可欠である。

　このような状況は日本に限らず，世界的に共通してみられる現象である。ハーグリーヴス（Hargreaves, 2006）は，教職が市場化の中で脱専門職化の危機にさらされていることを踏まえたうえで，教員自身が一般市民とパートナーシップを築きながら，教職の専門性を探究しなければならないと主張している。教員は現実の社会状況や社会問題と，教員としての自分自身を常に往復運動しながら，「専門職としての教師像」を模索し，教職の専門性を確立するために不可欠な哲学（より良い教師とは何かを探究すること），知識，技能を不断の努力をもって学び続けることが求められている。

3　現代社会の教育課題と教師

　日本の教育現場では，一般に児童・生徒を平等に扱うことが重要視されている。もちろん，すべての子どもは平等に教育を受ける権利を有しているため，教育を受ける機会はすべての子どもに与えられるべきである。しかし，子どもたちには様々な家庭背景や成育歴があり，この「差異」を考慮せずに，すべての子どもに対して同じ指導や支援を行うことは，児童生徒の学習上の問題や適応上の問題を引き起こす結果になりかねない。例えば，貧困家庭や来日したばかりの外国人の子どもたちは，様々な困難を抱えたまま学校生活を送り，困難さを抱えているにもかかわらず，その姿が見えにくく，問題が深刻化しやすい。本節では，子どもの貧困，外国人児童生徒の教育，インクルーシブ教育を取り上げ，教育現場において「見えにくい」子どもたちの課題とその支援について論じていく。

(1) 子どもの貧困（10章も参照）

　2019（令和元）年に厚生労働省が実施した「国民生活基礎調査」では，子ども（17歳以下）の7人のうち1人が貧困状態にあることが明らかになった。特にひとり親世帯の貧困率が高く，48.1％であった。これはひとり親世帯の2世帯のうち1世帯が貧困であることを意味し，この問題が深刻であることがわかる。しかし，日本では子どもの貧困が気付かれにくい。柏木（2020）は，日本における貧困問題の認識と対応が遅れた理由として，日本人がもつ貧困観が狭いためと指摘している。貧困という言葉からは，やせ細った姿や，住む家がなく何日もお風呂に入れないような姿などが連想されやすい。そのため，携帯電話など娯楽に関係する物を持っていたり，身なりがきちんとしていたりする場合には貧困だと認識されにくい。教師は，狭い貧困観を捨て，子どもの貧困と困難さについて正しく理解することが必要である。

　貧困家庭の子どもが直面する課題として，学力低下が挙げられる。これは，塾や家庭教師を利用するなど，教育に投資する経済的余裕がないことが原因の一つである。また，貧困家庭の子どもは，経済的な理由から選択できる進路が限られており，学習に対するやる気が低い子どもが多い。塾に通えなくても家でしっかり勉強をすれば，学力には問題がないと安易に考えられやすいが，貧困家庭の子どもたちの多くは，集中して勉強を行う家庭環境が整っていないことが多い（渡辺，2018）。貧困家庭の子どもは，住んでいるアパートが狭く，自分の部屋や勉強机がない，眼鏡など必要な道具が買えないなど，学習環境が整っていない中で家庭学習をしていたり，働いている親の代わりに家事やきょうだいの世話をしていたりすることも多い。これらの複数の要因によって学力が低下しやすいのである。

　また，日本の貧困家庭の多くは，就労しているにもかかわらず所得水準が低く，貧困の状態にあるワーキングプア[10]である（福原，2011）。多くの場合，保護者が朝から夜遅くまで働いており，子どもたちとの生活リズムが合わず，子どもと話す時間すら取れない保護者もいる。必然的に子どもだけで家にいる時間が増え，生活習慣の乱れや食習慣の乱れにつながりやすい。家庭における生活習慣の乱れは，学校生活においても，忘れ物の増加や，遅刻の増加，授業への集中力の低下を引き起こす。その他にも，貧困家庭の子どもは学校で不登

校やいじめ，疎外感を経験する確率が高い（阿部，2008；盛満，2011）。貧困家庭のすべての子どもがこれらの困難を抱えているわけではないが，子どもたちが家庭や学校において困難に直面する可能性が高いことを理解し，指導や支援を実施する必要がある。

(2) 外国人児童生徒に対する教育（3章も参照）

　近年，企業の国際化や日本の労働力人口の減少に伴い，日本に在留する外国人労働者が増加している。2018（平成30）年には，在留資格に「特定技能1号」「特定技能2号」[(11)] が作られ，より多くの外国人が家族を連れて日本で働くことができるようになった。法務省によると，2021（令和3）年における在留外国人数は282万3565人であった。前年度の2020（令和2）年に比べると2.2%（6万3551人）減少しており，これは，新型コロナウイルス感染症が世界的に流行したことが原因だと考えられる。2013（平成25）年から2019（令和元）年の間は一貫して人数が増加しており，2019年には過去最高の293万3137人であった。このことから，新型コロナウイルス感染症の流行が落ち着けば，在留外国人が再び増加に転じる可能性が高いと推測できる。

　在留外国人の多くは家族を伴って来日するため，外国人の子どもの数も増加し続けている。公立学校に在籍している日本語指導が必要な外国籍の児童生徒数の推移をみると，2016（平成28）年から2018（平成30）年までの2年間で18.7%増加している（図序-3）。在留外国人は人口の多い都道府県に集中しており，在留外国人の数が多い5つの都道府県に，在留外国人人口の約半数が集中している。一方で，日本語指導が必要な外国人児童生徒が在籍する学校の外国人児童生徒数は，「1〜4人」の学校が全体の4分の3を占めており，在籍数に違いはあるものの，全国的に外国人児童生徒に対して指導や支援が求められる。また，外国人児童生徒の母語も多言語化している。母国語別に見ると，ポルトガル語が最も多いが，中国語，フィリピノ語，スペイン語，ベトナム語などが増加傾向にある（文部科学省，2019a；2019b）。国によって言語や文化，習慣が大きく異なるため，外国人児童生徒一人ひとりの文化的背景を理解し，子どもの状況にあった適切な指導や支援を行っていくことが求められる。

　外国人児童生徒が日本の学校で直面する課題には，まず第一に「言葉の壁」

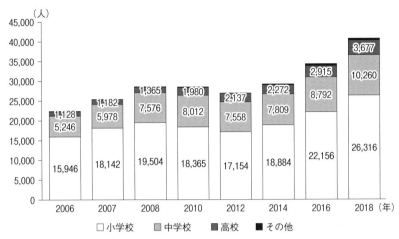

図序-3　日本語指導を必要とする外国人児童生徒数の推移
（文部科学省，2019b より筆者作成）

がある。図序-3 に示した通り，日本語の指導が必要な外国籍の児童生徒数は増加し続けている。日本語をほとんど話すことができないまま，日本の学校に通うことになる子どもも少なくない。日本語の理解が難しければ外国人児童生徒は授業についていけず，学業不振に陥りやすい。加えて，授業への参加を苦痛に感じるようになり，学習自体に対する興味ややる気が低下しやすい。また，言語は，良好な対人関係を形成するうえでも重要なスキルである。外国人児童生徒は，文化や言語が異なるため，良好な仲間関係の形成に困難を抱えやすく，いじめの対象となるリスクも高い（Plenty & Jonsson, 2017）。特に，青年期にあたる中学生や高校生は，仲間集団内の規範やルールを守れない他者に対して排他的になるため，孤立しやすい。クラス内で孤立すると不登校になりやすいため，子どもの日本語のレベルに合わせた日本語指導を実施するとともに，外国人児童生徒が孤立しない工夫が必要である。

　第二に，「日本での生活や学校生活への適応」が挙げられる。日本の学校には「給食」「掃除」「上履き」など日本独自の学校文化があり，外国人児童生徒は習慣，規範，ルールを理解し適応していかなければならない。そのため子どもに日本語指導を行うと同時に，日本での生活に適応できるよう生活指導や支援をしていくことが，教師の重要な役割となる。日本の文化や習慣を教える際

に留意すべき点は，外国人児童生徒の母国の文化を否定しないように指導をすることである。自分や親の文化を否定されると，自分自身が否定されたように感じ，自尊感情の低下につながりやすい（野崎，2017）。よって，日本の文化・習慣を押しつけないように，互いの文化の違いを認め合い，肯定的にとらえながら指導を行っていくことが重要である。

(3) インクルーシブ教育 （10 章も参照）

　1994（平成 6）年に UNESCO とスペイン政府共催の「特別なニーズ教育に関する世界会議」が開催され，インクルーシブ教育（inclusive education）の理念が明確に唱えられた（是永，2021）。インクルーシブ（inclusive）の名詞であるインクルージョン（inclusion）には，包み込むという意味がある。すなわち，インクルーシブ教育とは，子ども一人ひとりの違いを認め，障害の有無にかかわらずすべての子どもを包み込む教育である（野口，2020）。2006（平成 18）年には，国連総会において「障害者の権利に関する条約」が採択され，インクルーシブ教育システム[12]の定義が示され，推進された（是永，2021）。わが国も，2007（平成 19）年にこの条約に署名した。また同年に「学校教育法」が改正され，「特殊教育」の名称が「特別支援教育」へ変更となり，盲・聾・養護学校を特別支援学校とすること（1 条）となった（文部科学省，2006）。これにより，障害の有無や種別で盲・聾・養護学校，特殊学級に振り分ける「分離教育」から，障害をもつ児童生徒を通常学級に統合し障害児と健常児の交流を図る「統合教育」へと変わっていった（是永，2021）。また，2016（平成 28）年に施行された「障害を理由とする差別の解消の推進に関する法律」3 章において，障害を理由とする「不当な差別的取扱い禁止」および「合理的配慮」が明確に位置づけられた（内閣府，2013）。

　「合理的配慮」とは，「障害者の権利に関する条約」の 2 条において，「障害者が他の者と平等にすべての人権および基本的自由を享有し，または行使することを確保するための必要かつ適当な変更および調整であって，特定の場合において必要とされるものであり，かつ，均衡を失したまたは過度の負担を課さないもの」と定義されている（外務省，2014）。つまり，障害児が通常学級において不安なく過ごせるように，一人ひとりの障害や状態に合った環境設定や

支援を行っていかなければならない。例えば，車いすを利用している肢体不自由の児童生徒に対する合理的配慮としては，段差の解消，スロープの設置，教室を1階に配置するなどの環境の整備が考えられる。また，発達障害の子ども，例えば注意欠如・多動症[13]のため注意がそれやすい児童生徒に対する合理的配慮としては，注意がそれないように掲示物などの刺激を減らす，教師の近くに座席を配置するといった支援が考えられる。障害の有無にかかわらず，学級内で困難を抱えている児童生徒に対しては，その子どもが必要としているニーズに合った適切な支援を行うことが重要である。

注

(1) 現在は「寺子屋」という名称が一般的に使われているが，当該時期は「手習塾」もしくは「手習」が一般的であった。

(2) 森有礼は「師範学校卒業生ニシテ教員ニ任スル者ハ，（中略）生涯教育ノ奴隷トナリテ尽力セサル可ラサル」と述べている（大久保，1972a，p. 585）。

(3) もっとも第二次世界大戦前の日本では師範学校を卒業して免許状を得た「正系」の教員よりも，教員検定試験（無試験の場合もあり）によって教員となる「検定教員」が圧倒的多数を占め，両者の間には待遇面などで格差があった。この意味において，第二次世界大戦前の教員養成は二重構造化しているという問題を孕んでいた。

(4) このことは，火災時に学校に保管されていた教育勅語謄本を「守る」ため，あるいは「守る」ことができなかったために殉職した教員が多数存在したことにも反映されている。久米正雄の短編『父の死』（1916年，新潮社）などもこの状況をよく示している。

(5) 姫路師範学校校長として師範学校改革を行った野口援太郎や教員組合・啓明会を結成した下中弥三郎などが存在するが，その効果は限定的であった。

(6) 戦後になってはじめて，教員は給与の遅配等の困窮状態を保護者に語ることが可能となった（山梨，2017）。

(7) https://www.mext.go.jp/unesco/009/1387153.htm（2021年3月23日閲覧）。なお，掲載されているのは「仮訳」である。

(8) もっとも，この勧告では専門職の意味するところが職業としての専門職（profession）なのか，それとも組織の中で特定の部分を担う専門家（specialist）なのか，あるいは教師の知識や技術などの専門性の内容を問う専門職性（professionality）なのかが曖昧なまま使用されているという指摘もある（油布，2016）。

(9) その一方，義務教育費国庫負担法の改正により2016（平成28）年度から「総額裁量制」が導入されたことに伴い，非正規雇用教員の数は年々増加しており，「教員養成の高度化」政策と矛盾がみられる（磯田，2014）。

(10) ワーキングプアとは，働いているにもかかわらず十分な所得を得られず，世帯所得額が一定の水準以下（単身世帯の場合には年収 200 万円以下，複数の就労者がいる世帯においては年収 300 万円以下）の状態にある就業者のことを指す。

(11) 特定技能とは，労働力が不足している 14 の産業分野（介護，農業，飲食料品製造，ビルクリーニング，宿泊，外食業，造船・舶用工業，自動車整備，航空，漁業，建設，素形材産業，産業機械製造，電子・電気機器関連産業）において人材を確保することを目的に創設された在留資格である。特定技能 1 号は，在留期間の上限（5 年）があり，家族の帯同は基本的に認められていない。一方で，特定技能 2 号は，在留期限の上限がなく，要件を満たせば家族の帯同が認められている。

(12) インクルーシブ教育システムとは，人間の多様性の尊重等の強化，障害者が精神的及び身体的な能力等を可能な最大限度まで発達させ，自由な社会に効果的に参加することを可能とするとの目的のもと，障害のある者と障害のない者がともに学ぶ仕組みであり，障害のある者が「general education system」（署名時仮訳：教育制度一般）から排除されないこと，自己の生活する地域において初等中等教育の機会が与えられること，個人に必要な「合理的配慮」が提供される等が必要とされている（文部科学省，2012）。

(13) 注意欠如・多動症（以前の注意欠陥多動性障害）とは，発達障害の1つであり，年齢あるいは発達に不釣り合いな注意力，および／または衝動性，多動性を特徴とする行動の障害である。

参考文献

阿部　彩（2008）．子どもの貧困―日本の不公平を考える　岩波書店

中央教育審議会（2002）．大学院における高度専門職業人養成について（答申）Retrieved from https://www.mext.go.jp/b_menu/shingi/chukyo/chukyo0/toushin/020802.htm（2021 年 3 月 24 日）

中央教育審議会（2012）．Retrieved from https://www.mext.go.jp/component/b_menu/shingi/toushin/__icsFiles/afieldfile/2012/08/30/1325094_1.pdf（2021 年 3 月 24 日）

福原宏幸（2011）．日本におけるワーキングプア問題と社会的排除：連合・連合総研ワーキングプア調査から　フォーラム現代社会学, *10*, 62-75.

外務省（2014）．障害者の権利に関する条約 Retrieved from https://www.mofa.go.jp/mofaj/fp/hr_ha/page22_000899.html（2021 年 10 月 30 日）

Hargreaves, A. (2006). Four ages of professionalism and professional learning. In H. Lauder, P. Brown, J.-A. Dillabough, & A. H. Halsey (Eds.), *Education, globalization and social change* (pp. 673-691). Oxford: Oxford University Press.（佐久間亜紀（訳）(2012). 教職の専門性と教員研修の四類型　苅谷剛彦・志水宏吉・小玉重夫（編訳）（監訳）グローバル化・社会変動と教育2　文化と不平等の教育社会学（pp. 216-217）東京大学出版会）

橋本昭彦（1993）．江戸幕府試験制度史の研究　風間書房

法務省(2021)．令和 3 年 6 月末現在における在留外国人数について Retrieved from https://www.moj.go.jp/isa/publications/press/13_00017.html（2021 年 3 月 25 日）

磯田文雄（2014）．戦後教員養成制度の変遷から見た教師教育の"高度化"　日本教師教育学会年報，*23*，82-90．p. 85

柏木智子（2020）．子どもの貧困と「ケアする学校」づくり―カリキュラム・学習環境・地域との連携から考える　明石書店

木村政伸（2019）．民衆が文字を書き読む近世社会の特質―文字社会の視点から―　教育学研究，*86*（4），485-496．

是永かな子（2021）．インクルージョンの萌芽と歴史的展開　石田祥代・是永かな子・眞城知己（編著）インクルーシブな学校を作る―北欧の研究と実践に学びながら（pp. 3-18）ミネルヴァ書房

厚生労働省（2020）．2019年国民生活基礎調査の概況 Retrieved from https：//www.mhlw.go.jp/toukei/saikin/hw/k-tyosa/k-tyosa19/dl/14.pdf（2021年3月25日）

文部科学省（2006）．特別支援教育の推進のための学校教育法等の一部改正について（通知）Retrieved from https：//warp.ndl.go.jp/info：ndljp/pid/11373293/www.mext.go.jp/b_menu/hakusho/nc/06072108.htm（2021年10月30日）

文部科学省（2012）．共生社会の形成に向けたインクルーシブ教育システム構築のための特別支援教育の推進（報告）概要 Retrieved from https：//www.mext.go.jp/b_menu/shingi/chukyo/chukyo3/044/attach/1321668.htm（2021年10月30日）

文部科学省（2019a）．外国人児童生徒受入れの手引き（改訂版）Retrieved from https：//www.mext.go.jp/a_menu/shotou/clarinet/002/1304668.htm（2021年3月25日）

文部科学省（2019b）．「日本語指導が必要な児童生徒の受入状況等に関する調査（平成30年度）」の結果について Retrieved from https：//www.mext.go.jp/content/20200110_mxt-kyousei01-1421569_00001_02.pdf（2021年3月25日）

文部科学省（2019c）．令和元年度教職大学院入学者選抜実施状況の概要 Retrieved from https：//www.mext.go.jp/a_menu/koutou/kyoushoku/kyoushoku/1420960.htm（2021年3月24日）

文部省（1947）．序論　学習指導要領一般編（試案）文部省

盛満弥生（2011）．学校における貧困の表れとその不可視化―生活保護世帯出身生徒の学校生活を事例に―　教育社会学研究，*88*，273-294．

内閣府（2013）．障害を理由とする差別の解消の推進に関する法律 Retrieved from https：//www8.cao.go.jp/shougai/suishin/law_h25-65.html（2021年10月30日）

野口晃菜（2020）．私が考えるインクルーシブ発想の教育―インクルーシブ教育を実践するための学校づくり・学級づくり　青山新吾（編著）インクルーシブ発想の教育シリーズ1　インクルーシブ教育ってどんな教育？（pp.14-28）学事出版

野崎志帆（2017）．子どもにとっての移動の経験　荒牧重人・榎井　縁・江原裕美・小島祥美・志水宏吉・南野奈津子・宮島　喬・山野良一（編）外国人の子ども白書―権利・貧困・教育・文化・国籍と共生の視点から（pp. 48-58）明石書店

大久保利謙（編）（1972a）．「兵庫県会議事堂において郡区長県会常置委員及び学校教員に対する演説」（明治二十年十一月十八日）大久保利謙（編）森有礼全集　第一巻　宣文堂　p. 585

大久保利謙（編）（1972b）．「福井中学校において郡長及び常置委員に対する演説」（明治

二十年十一月六日）大久保利謙（編）森有礼全集　第一巻　宜文堂　p. 563

大久保利謙（編）（1972c）.「富山県尋常師範学校において郡長及び常置委員に対する演説」（明治二十年十月三十一日）大久保利謙（編）森有礼全集　第一巻　宜文堂

大久保利謙（編）（1972d）.「第三地方部学事巡視中の演説」（明治二十年秋）大久保利謙（編）森有礼全集　第一巻　宜文堂　p. 606

Plenty, S., & Jonsson, J.（2017）. Social exclusion among peers : The role of immigrant status and classroom immigrant density. *Journal of Youth and Adolescence, 46*, 1275 -1288.

佐久間亜紀（2019a）. 日本の教職の特徴―国際比較データを読み解く　佐久間亜紀・佐伯　胖（編著）　アクティベート教育学 02　現代の教師論（pp. 55-70）　ミネルヴァ書房　p. 69

佐久間亜紀（2019b）. 教師像の史的展開―岐路にたつ教職　佐久間亜紀・佐伯　胖（編著）アクティベート教育学 02　現代の教師論（pp. 71-87）　ミネルヴァ書房　p. 78

佐藤郡衛（2019）. 多文化社会に生きる子どもの教育―外国人の子ども，海外で学ぶ子どもの現状と課題　明石書店

佐藤　学（1997）. 教師というアポリア―反省的実践へ　世織書房

渡辺由美子（2018）. 子どもの貧困―未来へつなぐためにできること　水曜社

山梨あや（2017）. 上郷国民学校における戦後の出発―学校資料にみる「学校と家庭への連絡」への取り組み―　生涯学習・社会教育研究ジャーナル, *11*, 43-60.

油布佐和子（2016）. 教師教育の高度化と専門職化―教職大学院をめぐって　佐藤　学・秋田喜代美・志水宏吉・小玉重夫・北村友人（編）　岩波講座　教育　変革への展望 4　学びの専門家としての教師（p. 156）　岩波書店

第1部　グローバル社会における教師と教職の意義

1章

日本における教員養成と教師の歴史

1 はじめに

　本書の読者の多くは，将来の選択肢として教員になることを考え，そのため
に教員免許の取得を目指し，大学（4年制大学，短期大学）で学習している学
生であるだろう。教育学部の学生もいれば，教育学部ではなく，教員免許を取
得するための特別の課程（教職課程）を履修している学生もいると思われる。
　「大学において定められた内容を学修することにより教員免許を取得する」
という現代日本における教員養成制度は，学生である読者にとっては自明のこ
とのように思われるかもしれない。しかし，これは他の専門職と比較すると決
して当たり前のものではない。例えば，医師・看護師等の医療職は特定の養成
機関（医学部，看護系学部，看護学校等）において学修し，かつ，それぞれの
国家試験に合格することが免許を取得する条件である。あるいは，裁判官・検
事・弁護士の法曹に就くには，基本的には法科大学院という養成機関で学修し，
そのうえで，司法試験という国家試験に合格することが条件である。付言すれ
ば，法科大学院の設置以前は，司法試験合格のみが条件であり，特定の教育機
関での学修が受験資格として課されることはなかった。難易度が高いとはいえ，
受験機会は広く開かれていた（なお，旧司法試験と同様のシステムは予備試験
として残っている）。また，社会福祉士等の福祉職に関する資格は，社会福祉
系学部等の特定の教育機関での学修と国家試験合格を条件とするが，業務を行
ううえで当該資格が必須というわけではない。このような資格は名称独占とい
うもので，教員や医療職，法曹などの業務独占のそれとは区別される。

　現代日本の教員養成制度は，「大学における教員養成」と「教員免許状授与の開放性」という2つの原則に基づいている。前者は（高等学校や専門学校ではなく）大学という高等教育において教員を養成すること，後者は教員免許状授与を（教員養成のみを目的とした機関に限定することなく）広く開放することを意味する。教員養成系の教育学部だけではなく一般大学の教職課程の履修により教員免許が取得できるという現在の制度はこの原則に拠るものであるが，重要なことは，本原則が戦前における教員養成の反省に基づくということである。日本における学校教育制度は1872（明治5）年の学制に始まる。そこから敗戦を迎えるまでの教員養成制度は現代のそれとは大きく異なるものであった。敗戦を経て日本の教育制度は占領軍の指導のもと大きく改革され（戦後教育改革），教員養成制度の改革は重要な位置を占めるものだった。戦争へと子ども・青年を動員した戦前の教育，そして，その一翼を担った教師を育てた養成制度の反省のもとに，2つの原則は打ち立てられたのである。

　本章は，日本において学校教育が成立した明治初期から現代までの教員養成の歴史を概観し，日本の教員養成制度がなぜ現在のような形となったのかを考察することを目的とする。その際，制度のあり方がそこで養成される教員の特性やその教員によって行われる教育の内実を大きく規定するということから，それぞれの時代における教師像についても触れる。

2 明治初期から戦前における教員養成 ―師範学校における教員養成 （序章2節も参照）

(1) 日本における学校教育制度の開始と師範学校の設置

　日本における学校教育制度は1872（明治5）年8月に発布された学制により開始される。それ以前の子どもの教育は武士の子弟を対象とした藩校や民衆の教育機関であった寺子屋，あるいは特に幕末に盛んであった私塾等で行われたが，いずれの教育機関も国家が管理する公的な教育制度によるものではなかった。これら教育機関は基本的には私的に運営されるものであり，そこでの教育関係も〈師匠―弟子〉に象徴されるような私的なものであった。幕藩体制という分権的な国家から明治政府による中央集権的な国家が作られると，国家により公教育制度が構想され，その中心に学校教育が位置づけられた。学校には新

たに作られた日本という国民国家（nation state）において，それを構成する国民（nation）を教育することが求められたのである。

　このように極めて重大な課題を課せられた学校であるが，学校がこれまで存在したことがなかったということは，当然，そこで子どもを教育する教師もそれまでの日本の歴史において存在しなかったということを意味する。そのため，明治政府が学校教育を開始するにあたり，まずもって着手しなければならなかったのは，学校教育を担う教員の養成であった。日本の歴史において，教育を担う職業・人材を目的意識的に養成する経験はこれまでなかった。学制公布の4か月ほど前の1872（明治5）年4月，文部省は教員養成機関を設置する伺いを正院に提出し，それを承け，5月には日本で最初の教員養成機関である師範学校を東京に設置することが決定，9月に東京師範学校が設置された。

　東京師範学校はこれから開始される小学校教育の教育方法を確立すること，そして，その確立した方法を実践できる教員を養成することを目的とするものであった。そして教員養成を担ったのが，当時，大学南校（現在の東京大学）のお雇い教師であったアメリカ人のM・M・スコット（Scott, M. M., 1843-1922）であった。彼によりアメリカ式の小学校の教育が師範学校の生徒に教えられた。その後，師範学校は設置主体についての紆余曲折はあったが各地に設置され，本校の卒業生はその後，各地で小学校教員の養成に主導的役割を果たした。

(2) 師範学校令の制定

　学制公布により日本の学校教育制度はともかくも開始されたが，学校教育が日本に定着するにはなお多くの時間を要した。1879（明治12）年9月には，日本の実情にそぐわない学制に代わり教育令（自由教育令）が公布されたものの，そのあまりの分権主義は批判を受けることとなり，1年後の1880（明治13）年12月には早くも改訂され，第2次教育令（改正教育令）が公布された。本令は一転して国家の介入を強めるものとなり，しかも，これまでの欧米の教育思想に基づく立身出世的教育観を破棄し，儒教思想に基づく教育観を採用するものであった。学校教育制度の根本を定める布告が極めて短期間のうちにその方向性を変えるというほどに，当時の学校教育は揺れ動いていたのである。

このような混乱を経て，戦前日本の学校類型を確立したのが，初代文部大臣である森有礼のもと 1886（明治 19）年に公布された学校令である。学校令とは，帝国大学令・師範学校令・小学校令・中学校令を総称したものであり，教育目的や内容の異なる学校種別ごとに根拠規定が定められた。そして，師範学校令により，以降，敗戦を迎えるまで続くことになる教員養成機関としての師範学校の原型が確定した。

　本令により師範学校は尋常師範学校と高等師範学校という 2 種類が設置された。尋常師範学校は公立小学校の校長，教員の養成を目的とするもので，各府県に置かれ，経費は地方税により賄われた。入学資格は，高等小学校卒業以上の学力を有するものであり修行年限は 4 年であった。一方，高等師範学校は，尋常師範学校の校長，教員を養成する機関とされ，東京にのみ 1 校設置され，文部大臣の管理の下，国費で運営された。

　師範学校は国民（nation）を創出する学校の教員を養成することを目的とするものであるが，1 条において「但生徒ヲシテ順良信愛威重ノ気質ヲ備ヘシムルコトニ注目スヘキモノトス」と教師の目的が定められていることは確認されるべきである。これは，日本の教員において何より求められたのが科学的知識ではなく「順良」「信愛」「威重」という気質であったということ，そして，教員養成においてはこのような品性の教育が重視されたということを示している。森有礼は学問と教育とを区別し，帝国大学を学問のための機関と位置づける一方で，小学校は真理を追究する研究とは異なる教育の論理—国民創出の論理—で運営されるべきだと考えた。そして，〈学問—教育〉の区別のもとに師範学校において科学的知識ではなく人物重視の教育がなされたのである。こうした教育目的により師範学校においては，兵式体操をはじめ軍隊式の教育が導入された。また，師範学校は当初は全寮制で，生徒は給費生として，学用品や生活費，物品が支給された。師範学校は，教員養成のための特別の機関として，学問の場としての大学とは明確に区別される独自の世界を形成したのである。

(3) 師範学校による教員養成の特徴

　師範学校による教員養成制度は—戦後のそれと比較したときに—いかなる特徴をもっているのだろうか。学制以来の日本の学校体系が安定した 1908（明

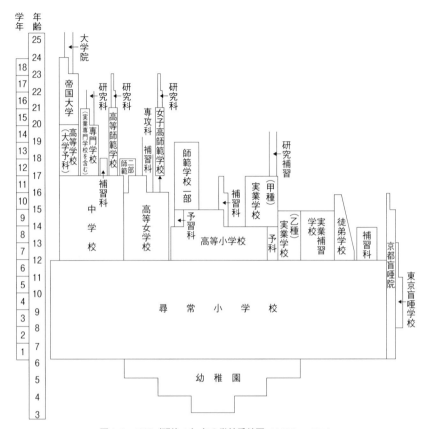

図 1-1　1908（明治 41）年の学校系統図（文部省，1981b）

治 41）年の学校系統図（図 1-1）をみながら確認しておこう（なお，尋常師範学校は，1897（明治 30）年の師範教育令により師範学校と改称されている）。

　師範学校は初等教育である高等小学校の上に位置している。師範学校の入学資格は高等小学校卒業（と同等の学力）である。また，師範学校は，中等教育である中学校と同一の段階にある。そして，同じ中等教育の中学校が〈中学校―高等学校―帝国大学〉あるいは〈中学校―専門学校・高等師範学校〉と高等教育へと接続するのに対し，小学校の教員養成を目的とする師範学校は基本的には高等教育に連なるものではない。師範学校による教員養成は，中等教育において，他の学校体系とは区別された教員養成のみを目的とする独自のルート

で行われているということが大きな特徴である。

　学校体系からみても独自な位置づけがなされた師範学校であるが，そこで養成された教師の特性は「師範型」と―半ば揶揄的に―呼ばれる独特なものであった。師範学校令に定められた「順良」「信愛」「威重」という資質は，森有礼にあっては教師の専門性を担保するものであった。しかし，1890（明治23）年の教育勅語の発布による道徳・臣民教育の重視という動向の中で，また，全寮制である師範学校で導入された軍隊教育やそこで構築される人間関係により，こうした気質の強調は上意下達を是とする権威主義的な教師を生み出すことになった。早期の段階で学問の世界から隔離され，独特なパーソナリティをもった教員を養成した師範学校は，戦後大きな批判を受けることになる。

　一方，高等師範学校は高等学校・専門学校と同一段階の高等教育として位置づけられる。まず東京高等師範学校が，続いて1902（明治35）年に広島高等師範学校が設置された。さらに1929（昭和4）年には，高等師範学校を基盤として東京文理科大学（後の東京教育大学，現，筑波大学），広島文理科大学（現，広島大学）が設置される。また，女子中等教育の教員養成を目的として1890（明治23）には女子高等師範学校が設置された。1908（明治41）年には，奈良女子高等師範学校（現，奈良女子大学）が設置され，女子高等師範学校は東京女子高等師範学校（現，お茶の水女子大学）へと改称する。2校体制となった女子高等師範学校は，戦前の官立女子高等教育機関として大きな役割を果たした。

　なお師範学校は，戦時中の1943（昭和18）年に専門学校と同等の位置づけを与えられ，また，高等師範学校・女子高等師範学校は，戦中に増設される。1944（昭和19）年には金沢高等師範学校，1945（昭和20）年には岡崎高等師範学校，広島女子高等師範学校が設置された。

(4) 師範学校とは異なる教員養成のルート

　師範学校・高等師範学校・女子高等師範学校は初等教育・中等教育の正規の教員養成機関であった。しかし，学校教育の普及に伴う児童生徒数の急激な増加に師範学校による正統な教員養成制度は追いつくことができず，師範学校による養成とは異なるルートから教員になる者が多数存在した。

　教員免許令（1900（明治33）年）は，教員免許状を授与される者として①「教員養成ノ目的ヲ以テ設置シタル官立学校ノ卒業者」，②「教員検定ニ合格シタル者」を定めていた。また，②の教員検定については「試験検定及無試験検定」が規定され，要件を満たした教育機関の修了者には無試験検定による教員免許状の取得が認められていた。中等教育については，高等師範学校出身ではない文部省中等教員検定試験（通称，文検）の合格者や無試験検定の許可・指定を受けた大学・専門学校の卒業者，あるいは1922（大正11）年以降，多数設置される文部省直轄の教育養成機関である臨時教員養成所が，拡大する中等教育の教員需要を満たすのに大きな役割を果たした。それに対して，小学校については，検定試験による小学校教員も多数存在したが，その一方で無資格教員(代用教員)が多数存在していたことも確認されるべきことである。これは，無資格であるにもかかわらず勅令（第3次小学校令，1900（明治33）年）に定めのある教員で，師範学校卒業者が確保できない地方の学校に多数存在した。
　師範学校の養成とは異なるルートで教師となった者の正確な数は明らかではないが，アメリカ教育使節団の報告書（後述）では，師範学校の卒業者は当時の教員のおおよそ半数に過ぎないことが—この数の少なさは日本の教員養成制度が機能していないことを示すものとして，批判的に—記されている。

3　戦後日本の教員養成と教師（序章2節も参照）

(1) 戦後教員養成改革—アメリカ教育使節団報告書と教育刷新委員会

　1945（昭和20）年8月15日，日本は敗戦を迎える。総力戦体制のもと，戦前・戦中期の学校教育は，多くの子ども・青年を戦争に動員した。民主主義国家・社会への日本の再建にあたり教育改革は必須のものであったが，その方向づけに大きな役割を果たしたのが，GHQによる占領政策の一環として来日したアメリカ教育使節団による報告書（1946（昭和21）年）である。同報告書は民主主義体制を担う個人を形成する教育を実現するための具体的構想を示してその後の教育改革の指針となったが，教員養成制度の改革についても勧告している。同報告書は，戦前の教育体制の問題の1つとして中央集権・権威主義的教育制度のもとで教師の職業的自由が奪われたことを指摘したうえで，民主

的な学校教育において保障されるべき教員の自由にふさわしい資質を担保する
教員養成制度の概要—①教員養成機関による養成をすべての教員に行きわたら
せ，系統的な教育を行う，②専門学校・大学レベルでの教員養成，③教員養成
カリキュラムにおける一般教育・自由教育の強調—を提示した。

　アメリカ教育使節団のカウンター・パートとして組織された日本側教育家委
員会の後継である教育刷新委員会（1946（昭和21）年8月〜1949（昭和24）
年5月）は，本報告書に基づき教育改革の具体的構想を議論した。そして，こ
の議論の中で冒頭に記した「大学における教員養成」と「教員免許状授与の開
放性」という2つの原則が確定したのである。

(2) 教員養成の2原則の成立（序章も参照）

　戦後教育改革において確定した「大学における教員養成」と「教員免許状授
与の開放性」という原則とはいかなるものか。その意味するところを，前節で
検討した明治から戦前期の教員養成制度との対比において明らかにしよう。

　ここに掲げたのは1949（昭和24）年の学校系統図（図1-2）である。明ら
かなように，図1-1にあった師範学校・高等師範学校・女子高等師範学校が存
在しない。旧教員養成機関は，本図ではともに大学の中に組み込まれているの
である。専門学校と同等の高等教育としての位置づけを長らく与えられていた
高等師範学校・女子高等師範学校のみならず，師範学校もまた戦後改革におい
て新制大学へと昇格した。府県立師範学校等は，国立大学の教育学部・学芸学
部あるいは国立の学芸大学として，中等教育から高等教育へとその位置が変更
されたのである。図1-1から図1-2への教員養成機関の消失は，新たな学校体
系においては教員養成を目的とする固有の教育機関に限定せずに（師範学校の
みによる「閉鎖」的な教員養成からの「開放」），一定の要件を満たすすべての
大学において，初等教育である小学校も含めたすべての学校の教員養成を行う
（中等教育ではなく高等教育である「大学」における教員養成）ということを
まずは意味する。

　民主主義体制における学校はそれを担う民主主義的価値観をもった市民を形
成することにそのレーゾン・デートルがある。そして，それを果たすためには
学校そのものが民主的であること，かつ，そこで教育を行う教師が民主主義に

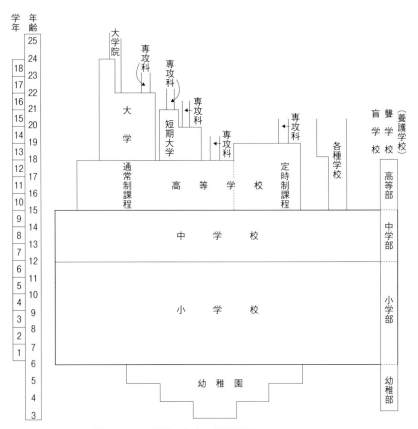

図 1-2　1949（昭和 24）年の学校系統図（文部省，1981b）

ついての深い理解をもつことが要請される。こうした要求を果たすことのでき
る教員を養成するためにこそ「大学における教員養成」と「教員免許状授与の
開放性」という 2 つの原則が定立されたのである。来るべき学校における教師
は，まずもって自らが民主主義を体現する市民でなければならない。大学にお
ける一般教育の学修は，このことを制度的に担保するものである。また，学校
において子ども・青年は学校において学問・芸術の研究（およびその成果）を
学習するが，そのためにはその学問・芸術を教育する教師自身が研究者である
ことが必然的に要請される。そのためにも，教師は大学において研究すること
を習得することが求められた。敗戦に至るまでの日本の教員養成は，師範学校

という閉鎖された権威主義的な施設において，また―学問と研究の区別のもと―真理の探究という研究の論理とは隔たって行われていた。そのことが，上述のように「師範型」と批判されるような教師を生み出したのである。こうした反省のもとに，教員養成に特化した機関ではなく，学問・研究の場である大学において学修することにより教員免許を取得するという，新たな教員養成制度が構築されたのである。1949（昭和24）年に制定された教育職員免許法は，この原則を制度化したものである。

(3) 教員養成系教育学部の設置と宮城教育大学の開学

戦後教員養成の原則は以上のように確定・制度化されたが，その実現においてはなお対応すべき問題が残されていた。第1に，教員の計画養成の困難である。教員は就学する児童生徒数に合わせて配置・養成されなければならないが，教員養成に特化しない大学においては教員への就職（希望者）数は景気の動向とも密接に関わるために，また，ベビー・ブームも含め戦後日本の就学児童・生徒数の急激な増加という人口動態上の理由もあり，要求される教員数の配置・養成が確保できないことが予想されたのである。第2に，教員養成における教養教育・専門教育の重視に帰結する教育学教育の軽視である。師範学校においては，教育の過度の強調が「師範型」教師を生み出したが，戦後，大学における教員養成においては，それとは逆に，教育学教育が軽視されることになった。多くの大学においては，教養教育・専門教育を行えば教師の資質・能力は当然に身につくものであると観念され，十分な人的・物的条件整備がされることなく教育学教育は最低限の範囲で，必ずしも熱心に行われなかったのである。

もとより，先の2原則を確定した教育刷新委員会においても，教員養成に特化した大学・学部の設置については議論の分かれるところであった。そもそもアメリカ教育使節団の報告書では，師範学校の改革を勧告したものの，それを超えて廃止までは提言されてはいなかった。また，教員免許状の授与を開放して多様な大学・学部における教員養成を制度的に認めたうえで，教員養成を目的とする大学・学部を設置することは，先の2原則に―部分的な修正ではあるが―矛盾するものではない。委員会において「師範型」批判を行った委員は主に旧制大学系の委員であったが，それに対して，師範学校系の委員は教員養成

を目的とした教育機関の設置・存続を主張していた。こうしたことから，師範学校の後継である教育・学芸学部，学芸大学は市民の教養教育を一義的目的としつつ─「学芸」という名称はそのことを表している─教員養成において主たる役割を果たすことも期待されていたのである。

　このような問題への対応として，1966（昭和41）年，国立学校設置法の改正により，国立大学学芸学部は教育学部へと，また，国立の学芸大学は東京学芸大学を除き教育大学へと改称された。名実ともに，教員養成を主たる目的とする教育学部となったのである。また，それにさかのぼること1年，1965（昭和40）年，東北大学から教員養成機能を分離し，宮城教育大学が設置された。

　宮城教育大学の開学は上記のような動向が背景として存在するが，大学における教員養成の原理的・学問的な問いへの1つの応答であった。教養教育・専門教育偏重の教員養成においては，教育そのものに対する探究が軽視されかねない。また，養成課程における過度の専門への傾倒は，専門分野の知と区別される「教育」のための専門知の研究を疎かにするという結果を招来するおそれがある。大学における教員養成の内包するこのような課題に対して，宮城教育大学は，「教授学」という教育学的知と専門知とを統合する新たな学を構想することで応答しようと試みた。そして，この「教授学」こそが教師の専門性を担保する新たな学として位置づけられたのである。こうした試みは，広く教員養成機関において共有されるべきものである。

（4）研修の場としての大学院の設置（序章2節，8章も参照）

　1965・66（昭和40・41）年に教員養成系の教育学部が設置されて以降，教員養成系教育学部には─教員養成を目的としない新課程（ゼロ免課程）の設置と廃止，教員養成カリキュラムの改革等─いくつかの改革がみられたが，先の2つの原則が大きく変更されることはなかった。その一方で，1978（昭和53）年に兵庫教育大学と上越教育大学，1981（昭和56）年に鳴門教育大学と，現職教員の再教育機関としての大学院が設置された。これ以降，教員養成系大学・学部における大学院の設置が続く。また，2008（平成20）年には，専門職大学院である教職大学院が制度化され，多くがそれへと改組している。

　現職教員の再教育の場としての大学院が整備される中，教員養成がどのよう

な機能・役割を果たすべきかは，なお議論がなされているところである。

4　おわりに

　教育学部や教職課程における教員養成を根拠づける「大学における教員養成」と「教員免許状授与の開放性」という2つの原則は，歴史的に生成・成立したものである。私たちは，日本の学校教育制度の始まりである学制以降の教員養成の歴史の堆積の上に位置しているわけだが，この歴史が形成した層がいかなるものであるかということを理解しなければならない。

　以上の歴史を踏まえたとき，現代日本の教員養成のあり方から導出される教師像は，例えば，次のようなものであろう。第1に，教師は個人として民主主義体制を担う市民であるということ。市民である教師はそれにふさわしい教養をもつことが求められる。そして，それを担保するのが教養教育である。第2に，教師は自らが専門とする学知の研究者であるということ。自らが研究者であってこそ，はじめて児童・生徒に学知に裏付けられた教科・科目を教育することができる。第3に，教師が教育・子どもの研究者であるということ。教育の専門家である教師は，自らが教える教科・科目の研究者であることのみならず，自らが行う教育について，（教育方法等の）実践的問いや「教育とは何か」といった原理的問題を不断に探究すること，さらには，自らが教える子ども・青年についての理解を深めていくことが求められる。教師に教育学・心理学的素養が求められるのはこうした理由による。そして，これら3つは，民主主義体制における教師の教育の自由を実現するための教師の資質でもあるということができるだろう。求められる資質を備えた教師による自由な教育こそが，子ども・青年を自由な主体へと育てていくのである。

　将来どのような教師になりたいか，いかなる教師を目指すのか。このことは大学においてどのような学習をすすめていくかということと密接に関わっている。大学における学習は自らが設計し構築していくものである。教師を目指す者は自らの教師像・教育観を不断に問い直し，学知について研究すること，教育学や心理学，自らの専門とする学知をもとに教師になるため核となる資質を形成することが求められるのである。

参考文献

船寄俊雄（編）（2014）．論集現代日本の教育史 2　教員養成・教師論　日本図書センター

市川昭午（2015）．教職研究の理論と構造―養成・免許・採用・評価　教育開発研究所

海後宗臣（編）（1971）．戦後教育改革 8　教員養成　東京大学出版会

海後宗臣（監修）日本近代教育史事典（編）（1971）．日本近代教育史事典　平凡社

片桐芳夫・木村　元（編）（2017）．教育から見る日本の社会と歴史　第 2 版　八千代出版

文部省（1981a）．学制百年史　帝国地方行政学会 Retrieved from https：//www.mext.go.jp/b_menu/hakusho/html/others/detail/1317552.htm（2022 年 1 月 20 日）

文部省（1981b）．学制百年史　資料編　帝国地方行政学会 Retrieved from https：//www.mext.go.jp/b_menu/hakusho/html/others/detail/1317931.htm（2022 年 1 月 20 日）

文部省（1992）．学制百二十年史　ぎょうせい Retrieved from https：//www.mext.go.jp/b_menu/hakusho/html/others/detail/1318221.htm（2022 年 1 月 20 日）

村井　実（1979）．全訳解説　アメリカ教育使節団報告書　講談社

土屋基規（1984）．戦後教育と教員養成　新日本出版社

土屋基規（2017）．戦後日本教員養成の歴史的研究　風間書房

山住正巳（1987）．日本教育小史―近・現代　岩波書店

2 章

教師の文化とその専門性のゆくえ

1　はじめに

　教職課程を履修中の大学生に限らず，世間一般においても，教師という職業は比較的その中身をイメージしやすい代表的な職種といえるだろう。比較対象は何でもよいのだが，例えば同じ資格系の職業として，税理士や薬剤師，栄養士，建築士などと比べてみても，具体的な業務内容はもちろんのこと，勤務スケジュールや職場の雰囲気に至るまで，教師の方がよほどよく知られているはずである。なるほどそれはそうだろう。学校世界における教師たちの働きぶりなら，たいていの人々は自分自身の学校体験の中でつぶさに観察してきたはずだからである。そういう意味では，何も大学の教職課程で教えられるまでもなく，教師とはどんな職業なのかについては，ふつう誰もが「すでに知っている」わけである。

　しかし，少しだけ視野を広げて，これを国際的な視点から眺めてみると，私たちがよく知っているはずのその教師像は，必ずしもどの国でも共通する普遍的な姿というわけではない。研究者の間では，私たちが当たり前のものと考えてきた教師イメージの少なからぬ部分が，極めて日本的な特質をはらんだ存在であることが注目されてきた。そして同時にまた，それは近年の政策動向の中で，徐々に違う形への変革を迫られつつあるところでもある。かつてのような横並びの同僚関係を基礎とする職業集団イメージから脱し，階層的な官僚制的組織構造のもと，多職種とも協働しながら高度な専門性を発揮する存在への移行が図られようとしているのである。

　この章では，教師の文化と専門性をめぐるこれまでの状況と，そして近年において進行しつつある新しい動向について整理していくことにしたい。

2　ジェネラリストとしての教師（序章1節も参照）

　さて，日本的な教師像の特徴としてかねてより指摘されてきたのは，その職務範囲の「無限定性」である（久冨，1988など）。つまり諸外国の教師たちと比べて，日本の教師に期待されている職務範囲は格段に広い。

　対照事例として，ここではアメリカ社会における一般的な教師像を考えてみることにしよう。日本の教師と比べると彼らがその職分とする範囲はかなり限定的であり，端的に彼らは自分の担当する授業に対する責任者にほかならない。そして1つの学校内でも，授業以外の業務については，教師ではなく，それぞれの専門スタッフが担当することが一般的である。例えば生徒の進路指導に関しては専門のカウンセラーが対応し（Cicourel & Kitsuse, 1963 山村・瀬戸訳1985），あるいは日本の部活動に相当する課外スポーツ活動については，学校によって雇われた専属のコーチがこれに当たるのである（中澤，2017）。こうした形での学内業務の切り分けは，日本でいうなら大学運営のイメージに近いともいえるだろう。

　それに対して日本の初等・中等教育機関では，教師たちは「校務分掌」と称する分業体制でもって学校全般の運営責任を担ってきた。日本の学校教師は，ただ単純に授業を担当するだけの人員ではない。学校運営全般に関与するとともに，児童・生徒の学校生活全般にわたる責任を負うべき存在と考えられているわけである（5，9，10章も参照）。

　臼井（2001）はこのような米日の違いを，「スペシャリスト志向」と「ジェネラリスト志向」という対比でもってとらえている。すなわちアメリカ社会では「何かの『プロ』になることを高く評価する社会的風土」があり，アメリカの教師は，勤務時間と職務範囲のいずれにおいても限定的で，特殊・専門化されている。日本の教師のように毎年受け持ちの学年が変わり，校務分掌も変わり，さらには4，5年くらいで別の学校へ転勤するという勤務スタイルは決して一般的ではなく，1つの学校に比較的長期間，しかもだいたい毎年同じ学

表 2-1 「指導」という言葉が用いられる場面 (酒井, 1998, p.242)

a. 学習面において
① 学習指導，説明文の指導，教科指導，体育指導，表現力の指導，指導案，個別指導
② 合唱コン（クール）とかが迫ってる時なんかはね，やっぱり週に１回しかない（授業）時間がさらに潰れると，２週間に１回しか子ども達を指導できなくなっちゃう。
b. 生徒指導面において
① 生徒指導，清掃指導，服装指導，入室指導，下校指導，給食指導
② 遅刻したら申し出ろという指導をして…
③ 複数の生徒が関係している場合ですね。多少，何人かの先生に，情報を聞いてまとめて，さらにつぎの指導をおねがいしたいと，指示することもある。
④ 家庭がなんとも指導してもらえないんで。
c. 進路指導面において
① 進路指導
② 今現在も公立の方も指導はしているんですけど。やっぱり重点は私立ですよね。
d. その他
① （部活の）練習の指導

年を受け持つのである。要するに彼らは，端的に「教えることの専門家」であり，授業の「スペシャリスト」としての専門性が期待されているわけである。

それに対して日本の教師たちに期待されているのは「ジェネラリスト」としての教師像，すなわちオールラウンドな職務能力を身につける態度である。だからこそ個々の教師はどの学年の担任であっても対応できることが目指されるし，授業以外の校務分掌をも数多くこなすことになるのである。

酒井（1998，1999）はまた，こうした無限定性を「指導の文化」という観点からとらえている。そこで注目されているのは，日本の教師たちが自分たちの様々な活動を「指導」という言葉でもって教育的に意味づけている状況である。

日本の学校現場において「指導」という言葉がある種独特の意味合いをもって使われていることについては，なるほど指摘されてみると誰もが納得のいくところであるだろう。大学で教職課程を履修し始めたばかりの学生たちから回収した課題レポートを読んでいくと，「生徒への教育が…」などと書かれた文面に出会うことが少なくないが，実際に学校現場で多用されているのは，生徒への「教育」ではなく，もっぱら「指導」という表現である。そして教職課程の当の履修生たちも，徐々に学年が上がり，ある種の職業的社会化が進むと，特に教育実習から戻ってきた頃には小慣れた調子で「生徒への指導が…」などと口にするようになっているのは面白い。このように「指導」という言葉は，

日本の学校現場におけるいわば業界用語として流通していることが確認できる。

　酒井は，自身がフィールドワーク調査を行った学校における教師たちの語りの中で，この「指導」という言葉がじつに多様な場面で用いられている事実を報告している（表2-1）。それは教師による様々な教育的な働きかけを，極めて曖昧に含意できる概念であり，酒井のみるところ，それゆえに「どんな行為をも教育的に価値づけてしまうマジックワード」として機能している。生徒指導の文脈において特に顕著であるが，食事や清掃の場面であれ，生徒たちの身だしなみや放課後の行動についてであれ，そこに「指導」という言葉が充てられることによって，つまりは「給食指導」や「清掃指導」，「服装指導」という形で，たちまち教師の職務範囲の内部に取り込まれてしまうのである。

3　同僚間の関係（13章も参照）

　そしてこのようなジェネラリスト志向の教師文化は，日本の教師たちの同僚性をめぐるあり方とも構造的に深く結びついている。これもまたかねてより指摘されてきたことだが，日本の教師文化において職場の同僚関係のもつ意味がことのほか重要であるという事実も，諸外国と比較した場合の日本的な特徴にほかならない。

　このことは世間一般ではそれほど深く認識されていないのではないだろうか。それだけに教職課程の履修者に対しては，あらためて強く銘記しておいてほしいポイントの1つである。実際，大学で教職課程の履修を開始したばかりの学生たちと話をしてみると，教職課程の履修動機として，自分がこれまでに影響を受けた恩師についての思い出を語る者がとても多い。もちろん，それはそれで構わないのだが，ただ彼らの教師理解が，もっぱら特定の個人としてイメージされていることが気にかかる。つまり，児童・生徒の立場から眺めてきたかぎりでは，何よりも独立した一人ひとりの教師の姿が脳裏に刻まれているようであるが，現実の学校運営はそれよりもずっと集団的・協働的なものである。前述の通り，日本の教師は単純に授業だけに責任を負う人ではない。スペシャリストならぬジェネラリストとしての働き方が要請されるがゆえに，教師

たちはむしろ協働で，集団的に学校運営に対処しているのである。

　1980年代後半に日本の小学校でフィールド調査を行ったあるアメリカの研究者は，日本の学校空間の中でも，いつも混雑して騒がしい職員室という場の存在が，教師たちの仕事を集団で進めるために必要な，恒常的な接触と交流と折衝とを可能にする機能を果たしていることに注目している（佐藤，1994）。アメリカでは前述のようなスペシャリスト志向のゆえに，個々の教師たちは独立を志向する傾向が強く，教師同士の交流は少ないのだという。そもそもアメリカの一般的な学校では，日本のようにその学校に所属する教師全員が集う単一の職員室というものが存在しないのである（佐久間，2015）。

　そしてこのような日本の教師文化における同僚的な関係性の深さは，彼らの専門的スキルを育成するうえでも大きな役割を果たしてきたことはいうまでもない。前述のような職員室内での情報や助言の交換，あるいは彼らによってしばしば自主的に取り組まれてきた研究会活動（「自主研修」と呼ばれる）などを通して，教師としての力量の向上が図られてきた。中でも日本の教師たちによって培われてきた授業研究の伝統は，今や国際的な関心を集めている（佐藤，2015）。教師同士によるいわば横の関係が，彼らの職業的な成長を促す契機としても作用しているのである。

4　働き方をめぐる問題（9章も参照）

　このように自らの職業的使命に対して忠実で，児童・生徒のために献身的に尽くす日本の教師たちの姿は，たいへん尊いものといえるだろう。だからこそその優秀さは国際的にも高く評価されてきた。しかしその一方で，それに付随するひずみもまた，徐々に蓄積されてきたという事実は重要である。その最たるものが教師の働き方をめぐる問題である。

　前述の通り，ジェネラリストとしての教師像，「指導」の文化のもとでは，教師の職分の範囲は際限なく拡大していきがちである。そしてその帰結が多忙化の現実であった。

　近年において，こうした長時間勤務の現実を広く世に印象づけたのは，2013（平成25）年実施の OECD 国際教員指導環境調査（TALIS）の公表結果であっ

た[1]。34 か国・地域が参加し，日本が初めて参加したこの調査の結果，中学校教師の 1 週間あたりの勤務時間は，参加国平均が 38.3 時間に対して，日本が 53.9 時間と，参加国で最も長いという事実が明らかにされたのだった（国立教育政策研究所，2014）。

　このような教師の多忙をめぐる状況は，じつはそれほど最近の問題というわけではなく，研究者たちの間ではすでに 1990 年代から問題視されてきた話題である。とはいえ，たしかに時代を下るにつれて，教育界ではよりきめ細かな教育が求められる傾向は強くなり，かつまた学校経営の効率化・合理化が図られるという流れもあり，近年ますますこの問題の深刻度は増大してきたことも確かであろう。

　具体的にその背景の 1 つとして挙げられるのは，例えば学校現場における非正規雇用の増大という事実である。すなわち，2000 年代以降のいわゆる「構造改革」の結果として，切り詰められることになった教育予算を効率的に運用するために，多くの自治体では正規雇用教師のポストを減らし，その枠の一部を非正規の教師採用に充てるという方策がとられるようになってきた。その結果，かつては産休の教師の代理といった臨時的な場合に限られていた非正規教師の雇用が，半ば常態的な雇用類型へと変化していったのである（金子，2014）。このように限られた人件費でもって多人数の非正規採用教師を活用するという方策によって，少人数学級などの柔軟な授業運営が可能となったことは確かである。しかしその一方で，少なくなった正規採用教師たちの校務分掌上の負担はそのぶんだけ増大することになったといえる。

　教師の長時間労働を招いた制度的な背景としては，他に「給特法」の問題も注目されてきた。「給特法」とは，1971（昭和 46）年制定の法律「公立の義務教育諸学校等の教育職員の給与等に関する特別措置法」の略称であるが，これは公立学校の教師に関して，時間外勤務手当や休日勤務手当を支給しない代わりに，給料月額の 4 ％に相当する教職調整額を一律支給することを定めた法律である（8 章も参照）。

　ここで一律支給とされたのは，上司からの指揮命令のもとで勤務する一般の行政職とは異なり，教師の場合は学校外も含めて，自発性，創造性を伴う働き方が期待されているということが配慮されてのことであった。そのねらいは一

見合理的だが，この法律の存在によって，教師たちはいくら超過労働しても時間外勤務手当は一切支給されないことにもなる。結果としてこの仕組みが学校現場におけるぞんざいな労務管理を許容することになり，教師の長時間労働を引き起こす一因となっていることが批判されてきた。

　そもそも教職調整額 4 ％というのは，この法律が制定される前の 1966（昭和 41）年に実施された勤務実態調査の超過勤務データから算出された数字であった。この数字はしかし，近年における教師の勤務時間の実態からは大きく乖離してしまっているのである[(2)]。

　このような問題点を改善すべく，給特法は 2019（令和元）年に改正された（9章も参照）。そしてこの改正によって残業時間の上限の適用が厳格化されたが，しかしその実際の運用においては，夏休みなどの「閑散期」の労働時間の一部を減らして「繁忙期」の残業時間に充てられるという運用の仕組み（変形労働時間制）を認めることとした。そのため，これでは決して長時間労働の改善にはつながらないとの批判の声もあがっている（内田ら，2020）。

5　組織改革の動向

　さて，こうした教師文化をめぐっては，近年に至って，そこに組織構造的な側面から影響を与えると思われる動きが進行しつつあることについても触れておかねばならない。その 1 つとしてまず挙げられるのは，公立学校における 2000 年代以降の職制改革の動向である。

　日本の学校組織は従来，校長と教頭だけが管理職として位置づけられ，その他の教職員は基本的には横並びとなるような組織形態がとられてきた。このような組織構造は，その形状的な特徴から「鍋ぶた型」と呼ばれ，それは民主的な形態であるとも評される一方で，円滑な学校運営が損なわれているとも批判されてきた。そこで，校長のリーダーシップのもとで学校をより効率的に運営し，責任体制をより明確化することをねらいとして，2007（平成 19）年の学校教育法改正によって新しい職種が認められることになった。ここで新設されたのは，教頭とは異なり校長を補佐するが教育には関与しない「副校長」や，授業を担当し校務も補佐する「主幹教諭」，教諭のリーダー格となる「指導教

表 2-2　学校内の主な職種

職種	職務内容	根拠法
校長	公務をつかさどり，所属職員を監督する。	
副校長	校長を助け，命を受けて校務をつかさどる。	
教頭	校長（副校長を置く学校にあっては，校長及び副校長）を助け，校務を整理し，及び必要に応じ児童（生徒）の教育をつかさどる。	
主幹教諭	校長（副校長を置く学校にあっては，校長及び副校長）及び教頭を助け，命を受けて校務の一部を整理し，並びに児童（生徒）の教育をつかさどる。	「学校教育法」37 条
指導教諭	児童（生徒）の教育をつかさどり，並びに教諭その他の職員に対して，教育指導の改善及び充実のために必要な指導及び助言を行う。	
教諭	児童（生徒）の教育をつかさどる。	
養護教諭	児童（生徒）養護をつかさどる。	
栄養教諭	児童（生徒）栄養の指導及び管理をつかさどる。	
スクールカウンセラー	学校における児童（生徒）の心理に関する支援に従事する。	「学校教育法施行規則」65 条の 2
スクールソーシャルワーカー	学校における児童（生徒）の福祉に関する支援に従事する。	「学校教育法施行規則」65 条の 3
部活動指導員	学校におけるスポーツ，文化，科学等に関する教育活動（学校の教育課程として行われるものを除く。）に係る技術的な指導に従事する。	「学校教育法施行規則」78 条の 2

諭」である（表 2-2）。かくして学校組織は，従来の「鍋ぶた型」から新たに「ピラミッド型」ともいうべき階層性を備えた官僚制的組織へと再編される条件が整うことになった。

　また，同じく 2000 年代以降，人事評価の仕組みにも大きな変化があった。それまでにも公立学校では校長による勤務評定が行われてきたが，しばしばその形骸化が指摘され，それに代わる新しい評価システム導入の必要性が叫ばれていた。2002（平成 14）年の中央教育審議会（中教審）の答申「今後の教員免許制度の在り方について」では，「教員がその資質能力を向上させながら，それを最大限発揮するためには，教員一人一人の能力や実績等が適正に評価され，それが配置や処遇，研修等に適切に結び付けられることが必要である」と

の提言がなされ，その後，全国の自治体で刷新が進んだ。新しい教員評価制度の特徴は，これまでのように校長単独による一方的な評定ではなく，当人による自己申告を盛り込むなどして被評価者の主体性を重視していること，また単なる業績判定ではなく，その評価結果に基づく職能開発と育成のねらいが込められていることなどである（妹尾，2010）。その評価結果は昇進や給与などの処遇とも連動するものであったから，つまりはこうした側面からも，教師集団は「横並び」でなくなったといえる。

　このような組織構造の変容や人事評価の刷新は，前述の非正規雇用教師の増加という事実も含めて，かつてとは異なるタイプの同僚関係を生み出している可能性は十分に考えられるだろう。

6　チームとしての学校（5，9，10章も参照）

　そしてさらに，近年の教育政策において推進されてきている「チームとしての学校」と呼ばれる新しいタイプの学校組織運営方針は重要である。これは2015（平成27）年の中教審答申「チームとしての学校の在り方と今後の改善方策について」において提唱された組織イメージであるが，具体的にここで「チームとしての学校」とは，「校長のリーダーシップの下，カリキュラム，日々の教育活動，学校の資源が一体的にマネジメントされ，教職員や学校内の多様な人材が，それぞれの専門性を生かして能力を発揮し，子供たちに必要な資質・能力を確実に身に付けさせることができる学校」と定義づけられている。そしてその最大のポイントは，多職種協働型の学校運営という考え方である。

　そもそもここで「チーム」という発想は，最近の医療現場における「チーム医療」という考え方から借用されたものと考えられる。ここで「チーム医療」とは，個別の患者に対して，医師や看護師の他にも，医療ソーシャルワーカーや管理栄養士，理学療法士などの複数の医療専門職が連携して治療やケアに当たるというものであり，こうした多職種協働によって高度に専門化した医療を実現することが目指されている。「チームとしての学校」において構想されているのも，要するにこれと同様の組織イメージである（紅林，2007）。

　もっとも，既述の通り，学校世界でも協働の文化そのものは以前から存在し

ていた。しかしそれはあくまで教師という単一の職業集団内部での話であった。これに対して，「チームとしての学校」が目指しているのは，教師以外にも，心理の専門家であるスクールカウンセラーや，福祉の専門家であるスクールソーシャルワーカー，部活動のコーチとして技術的な指導に当たる部活動指導員など（表2-2），多様な人材が協働して学校運営に取り組むという組織運営イメージである（5，9章も参照）。それは，教師集団内部での閉じた同僚性が追求されてきたこれまでの状態を脱して，他職種を含めた新しい形の同僚性のあり方を模索する試みともいえるだろう。

　とはいえ，このような改革によって，そこに想定されているような新しい教師像が今後定着していくのかどうかは，今のところ不透明である。例えばスクールカウンセラーやスクールソーシャルワーカーは，近年徐々に増えているとはいえ，まだまだ十分な数の配置がなされているとはいい難く，そのうえ非常勤の時間勤務であったり，派遣や巡回による配置であったりしているのが実状である。そのため現実には，多職種となった学校においてもなお，他の専門職たちの業務を差配する立場にある教師たちの「指導の文化」は，むしろ強化されているという指摘もなされている（保田，2014）。そうなると，教師の多忙な状態は必ずしも改善しない。多職種協働をうまく機能させていくための調整的業務が新たに必要となる分だけ，かえって困難のタネを増やすものかもしれないのである。

7　教師の専門性のゆくえ（11章も参照）

　ともあれ，こうした諸動向は，従来の日本の教師文化を大きく変える可能性をはらむものであることは間違いないだろう。大まかな政策的方向性として目指されているのは，これまでのようにジェネラリストとして多方面の業務をこなす教師像から，他の学校職員たちと担当領域を分かち合いながら協働して学校運営に当たる教師像への転換ということになるが，このような方向性は結局のところ，本章においてしばしば引き合いに出してきたアメリカの教師像に近づいていくものとみえなくもない。「チームとしての学校」として構想されているイメージは，じつにアメリカにおける学校運営そのもののようにも映る。

　もちろん，究極的にどういう形の教師像が望ましいのかについては一概に断ずることのできるものではない。ただ，当のアメリカ社会では，特に 2000 年代以降，その効率性の追求をとことんまで突き詰めた結果，公教育制度そのものの屋台骨が突き崩され，皮肉にも教師の非専門職化が進行しつつあるという事実については留意すべきであろう。

　すなわち彼の地では，2002（平成 14）年にブッシュ政権のもとで「落ちこぼれ防止法」（No Child Left Behind Act）が成立し，在籍する生徒のテスト結果によって各学校の教育成果が測定され，目標基準値を達成できなかった学校や教師に対して制裁措置を伴う改善要求が加えられる仕組みが導入されている。そして教育成果が上がっていないとみなされた公立学校は次々に廃止され，チャータースクールと呼ばれる民間団体経営の学校へと置き換えられつつあるのだが，そこで教師として勤務しているのは，正規の資格をもたず，促成の訓練を受けただけの人員であることが少なくないのである（Ravitch，2013 末藤訳　2015；鈴木，2016）。

　アメリカの公教育制度におけるこうした動向は，私たちにとっても示唆的であるだろう。というのも日本でもまた，切り詰めた教育予算のもとでの効率的な学校運営を基調とする，新自由主義と呼ばれる教育政策がとられていることはアメリカと同じだからである。正規雇用の教師採用数を抑えて，そのぶんの経費を非正規での雇用枠に充てるという方策はまさしくそれである。また「チームとしての学校」政策が打ち出された背景にも，財政的に正規教員の定数増が望めない状況への対応策としての一面があったともいわれている[3]。

　何にせよ，教師集団の質的水準の確保こそは公教育制度の基盤である。近視眼的な対応に終始するうちに，学校教師が単なる官僚主義的な統制の対象となり，そして気付かないうちに公教育制度の基盤が浸食されてしまっては元も子もない。教師たちがその専門家集団としての力量を十全に発揮できる環境の整備が求められよう。

注
(1) OECD（経済協力開発機構）は世界の先進諸国によって構成され，国際経済全般につ

いて協議することを目的とした国際機関。TALIS（国際教員指導環境調査）は，そ
の OECD によって実施された国際調査で，学校の学習環境と教員の勤務環境に焦点
を当てている。2008 年の最初の実施以来，これまで 5 年おきに実施されている。
(2) 文科省は 2006 年，教員の勤務実態についての実態調査（「教員勤務実態調査」）を約
40 年ぶりに実施しているが，教員の勤務時間はその当時よりもはるかに増加してお
り，さらに直近の 2016 年の調査では，こうした状況はますます深刻化しているとい
う実態が確認されている。
(3) 加藤（2016）はこの政策方針が，少子化を前提とした教職員定数のあり方の見直し
（加配の抑制・縮小）や学校統廃合の論議が避けがたい状況のもとでの，行政当局内
での駆け引きの所産でもあったとの見方を示している。すなわち，財務省との折衝
において，これまでの実績としても拡充して加配措置されてきたスクールカウンセ
ラーとスクールソーシャルワーカーを定数に組み込むことによって，教職員数の維
持を図ろうとする文科省側のねらいがあったとしている。

参考文献

Cicourel, A. V., & Kitsuse, J. I.（1963）. *The educational decision-makers*. New York : Bobbs Merrill.（山村賢明・瀬戸知也（訳）(1985)．だれが進学を決定するか―選別機関としての学校―　金子書房）

金子真理子（2014）．非正規教員の増加とその問題点―教育労働の特殊性と教員キャリアの視角から―　日本労働研究雑誌, *56*（4），42-45.

加藤崇英（2016）.「チーム学校」論議のねらいと射程　学校経営研究, *41*, 1-9.

国立教育政策研究所（編）(2014)．教員環境の国際比較　明石書店

久冨善之（編）(1988)．教師文化の社会学的研究　多賀出版

紅林伸幸（2007）．協働の同僚性としての《チーム》―学校臨床社会学から―　教育学研究, *74*（2），174-188.

中澤篤史（2017）．そろそろ，部活のこれからを話しませんか―未来のための部活講義―　大月書店

Ravitch, D.（2013）. *Reign of error : The hoax of the privatization movement and the danger to America's public schools*. New York: Alfred A. Knopf.（末藤美津子（訳）(2015)．アメリカ　間違いがまかり通っている時代―公立学校の企業型改革への批判と解決法―　東信堂）

酒井　朗（1998）．多忙問題をめぐる教師文化の今日的様相　志水宏吉（編）教育のエスノグラフィー―学校現場のいま―（pp. 223-248）　嵯峨野書院

酒井　朗（1999）.「指導の文化」と教育改革のゆくえ　油布佐和子（編）教師の現在・教職の未来（pp. 115-136）　教育出版

佐久間亜紀（2015）．小学校教師の仕事―日米比較から―　油布佐和子（編）現代日本の教師―仕事と役割―（pp. 35-48）　放送大学教育振興会

佐藤　学（2015）．専門家として教師を育てる―教師教育改革のグランドデザイン―　岩波書店

佐藤ナンシー（1994）．日本の教師文化のエスノグラフィー　稲垣忠彦・久冨善之（編）

　　日本の教師文化（pp. 125-139）　東京大学出版会

妹尾　渉（2010）．全国の「教育評価」実施動向から　苅谷剛彦・金子真理子（編）教員
　　評価の社会学（pp. 11-20）　岩波書店

鈴木大裕（2016）．崩壊するアメリカの公教育―日本への警告―　岩波書店

内田　良・広田照幸・高橋　哲・島﨑　量・斉藤ひでみ（2020）．迷走する教員の働き方
　　改革―変形労働時間制を考える―　岩波書店

臼井　博（2001）．アメリカの学校文化　日本の学校文化―学びのコミュニティの創造―
　　金子書房

保田直美（2014）．学校への新しい専門職の配置と教師役割　教育学研究，*81*（1），1-13.

3章

多文化共生社会と教師
―外国人の児童生徒の受け入れと日本語指導

はじめに

　現代の日本では，海外から帰国した児童生徒や，海外から来日した外国人児童生徒が増加している。海外から帰国あるいは来日したといっても，それまで児童生徒が育ってきた国・地域には固有の自然環境，政治，経済，文化，宗教，そして教育制度がある。日本で新しく日常生活が始まると，子どもは様々な場面で違いにとまどうため，子どもを受け入れる学校も，いっそうの国際化が求められる。それでは学校や地方自治体は，子どもを受け入れるにあたり，どのような点に留意することが大事なのだろうか。

多様化する児童生徒の背景（序章3節も参照）

　グローバル化が進む現代の国際社会では，日本に住む外国人の数は年々増え続けている。また，日本から海外に留学や仕事のため家族で赴任し，海外で育ち，海外の学校教育を受けて日本に帰国する「帰国生」の数も多い。帰国生や外国人を合わせると，公立学校における日本語指導が必要な児童生徒は，2008（平成20）年以降の10年間で1.5倍に増加し，2018（平成30）年5月の時点で5万人を超える（文部科学省，2018）。言語別にみると，最も多い言語はポルトガル語で，1万人を超える。次に中国語，フィリピノ語と続く。これら3つの言語を母語とする児童生徒が，日本語指導が必要な外国人児童生徒全体の7割を占める。そして，スペイン語，英語，ベトナム語，韓国・朝鮮語と続く

（序章3節も参照）。

　子どもの母語が多様化したのは，日本に定住する外国人の背景が多様化したためである。2019（平成31）年4月，介護や農業，工業などの分野で不足する人材を新たに外国から受け入れるため，在留資格の創設等を内容とする「入管法及び法務省設置法の一部を改正する法律」が施行された。

　日本に住む外国人の数は，人口の2％を占める（出入国在留管理庁，2020）。上位10か国・地域は順に，中国，韓国，ベトナム，フィリピン，ブラジル，ネパール，インドネシア，台湾，アメリカ合衆国，タイで，東アジア，東南アジアを中心に，世界の様々な国・地域から日本に集まっている。都道府県別では最も多いのが東京都で，56万8665人（全国の19.7％）である。次いで，愛知県，大阪府，神奈川県，埼玉県と続き，首都圏と大阪，愛知など，外国人の約4割が大都市圏に密集している。また，2020（令和2）年10月末の時点で，日本で働く外国人労働者数は172万4328人であり，過去最高の人数となった（厚生労働省，2020）。

3　外国人のための日本語教育―法令と方針

　今後，増加が見込まれる外国人の人材を日本社会の一員として受け入れ，社会から孤立しないようにするには，どうすればよいのだろうか。まずは外国人が日本で暮らすために，日本語を習得することが重要である。そして，外国人の子どもが日本の義務教育を受け，中学校卒業後に進学や就職の機会を日本で得られるように支援することが社会全体に求められている。

　2019年には日本語教育を推進する目的で，「日本語教育の推進に関する法律」（令和元年法律48号。以下「日本語教育推進法」）が公布，施行された。そして，同法10条に基づき，「日本語教育の推進に関する施策を総合的かつ効果的に推進するための基本的な方針」が閣議決定された（2020（令和2）年6月23日）。同方針は，国内の外国人等や難民，地域のみならず，海外の外国人や邦人のための日本語教育を充実させることを意図している。

4　日本語指導が必要な児童生徒の増加と受け入れ体制の強化

　外国人児童生徒の数は，毎年7万人前後で推移しており（文部科学省，2016），日本語指導が必要な児童生徒が増加している。文部科学省「学校基本調査」（2018）によると，公立学校に在籍している外国籍の児童生徒数は2018（平成30）年には93,133人になり，調査を始めた2007（平成19）年度から2万人以上が増加している。

　2018年に文部科学省は「日本語指導が必要な児童生徒の受入状況等に関する調査（平成30年度）」を公表し，日本語指導が必要な児童生徒数が過去最高の人数になったことが明らかになった。全体として，日本語指導が必要な児童生徒数は，50,759人で前回調査より6,812人（15.5%）増加した。日本語指導が必要な外国籍の児童生徒数は，40,485人で前回調査より6,150人（17.9%）増加した。そして，日本語指導が必要な日本国籍の児童生徒数は10,274人で前回調査より662人（6.9%）増加した。

　しかし同時に，日本語指導が必要な児童生徒のうち，日本語指導等特別な指導を受けている者の割合は，2018（平成30）年は8割弱にとどまり，約2割の児童生徒は十分な日本語教育を受けられない状態にある。また，児童生徒が日常会話では困らなくても，学年相応の学習内容を十分に理解できるだけの日本語能力が不足している場合は，日本語指導が必要な対象となる（文部科学省初等中等教育局国際教育課，2012）。

　文部科学省は「外国人児童生徒受入れの手引き（改訂版）」（文部科学省，2019c）を作成し，外国人児童生徒と学校（教師，指導主事，管理職），自治体の教育委員会，家庭，地域との関係を示した（図3-1）。

5　特別な支援を必要とする子どもの受け入れ体制に関する国際比較 （TALIS2018）―発達障害，貧困，外国人児童生徒への対応

　国際化したグローバル社会において，日本の学校は，国際的にみて外国人児童生徒への対応が充実しているといえるだろうか。「OECD（経済協力開発機構）国際教員指導環境調査」（TALIS2018：Teaching and Learning International Survey 2018）では，日本を含めた48か国の国と地域の中学校教員に対

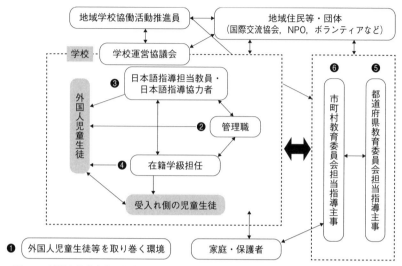

図3-1 外国人児童生徒の教育を支援する学校，地域，家庭の関係（文部科学省，2019c, p. 2）

して，特別な支援を要するかどうか，社会経済的な状況，移民・難民の背景，言語的特性など，様々な社会文化的な背景をもつ生徒を指導している教員の割合をたずねた。その結果，日本の中学校は①「母語が日本語でない生徒」が10％を超える，②「特別な支援を要する生徒」が10％を超える，③「社会経済的に困難な家庭環境にある生徒」が30％を超える，④「移民の生徒，又は移民の背景を持つ生徒」が10％を超える，⑤生徒の少なくとも1％が「難民の生徒」の学級で指導する教員の割合が，① 1.6％，② 21.3％，③ 5.7％，④ 1.0％，⑤ 0.9％であり，②以外の項目はいずれもTALIS参加国平均より大幅に下回っていた（国立教育政策研究所，2019）。小学校も同じ傾向であり，外国語を母語とする，あるいは移民や難民の児童生徒が学校に在籍する割合が諸外国よりも少ない。

　したがってわが国では，様々な文化的背景のある児童生徒が混在する，文化的に多様な学級が諸外国と比較すると少ないことがわかる。さらに調査では，「異なる文化を持つ児童生徒がいる学級の指導」をしたことがあると回答した小中学校の教員に対して，多文化学級での指導がどの程度できているかについて，「非常に良く」「かなり」「いくらか」できている，そして「全く」できて

表 3-1　**多文化学級における指導**（TALIS2018 より筆者作成）

	中学校		小学校
	日本	TALIS 参加 48 か国平均	日本
児童生徒間の文化的な違いへの意識を高める	32.5%	70.2%	36.9%
児童生徒間の民族に対する固定観念を減らす	29.8%	73.8%	31.6%
移民の背景を持つ児童生徒と持たない児童生徒が共に活動でき るようにする	27.8%	67.9%	28.1%
指導を児童生徒の文化的な多様性に適応させる	19.7%	62.7%	21.7%
多文化的な学級での課題に対処する	16.6%	67.9%	17.2%

いないという 4 項目から選択するようたずねた。その結果，「非常に良く」あるいは「かなりできている」と回答した教員の割合が低かった（表 3-1）。なお，「OECD 国際教員指導環境調査（TALIS）2018 報告書—学び続ける教員と校長—のポイント」によれば，「移民の背景を持つ児童生徒」とは，「両親が日本以外で生まれた人のこと」であり，「多様性」とは「児童生徒や教職員の背景の違いを認識し，尊重すること」を指し，「文化的な多様性」とは，「特に文化的，民族的な背景を指す」（文部科学省，2019b, p. 9）。

　しかし，日本語指導が必要な児童生徒のすべてが外国籍ではない。日本語を母語とする場合であっても，保護者の仕事の都合で海外での生活が長い帰国生や，両親が国際結婚をしている家庭の場合，日常会話は問題なくできるとしても，学校での教科学習についていけず，日本語指導が必要な児童生徒もいる。また，外国にルーツがある児童生徒であっても，日本で生まれ育っているなど日本での生活が長く，日本語指導が不要な児童生徒が日本の学校に在籍している事例もある。したがって，多様な文化的背景をもつ児童生徒が必要とする教育的支援は個人によって異なるため，自治体や学校は一人ひとりの児童生徒によりきめ細かな対応をすることが求められる。

6　日本語の習得に困難のある生徒への指導

(1)「学習するための言語能力」の育成

　児童生徒の背景が多様であることが，学びに影響していることは，これまで
の国際教育調査結果（OECD, 2013, 2015）が示しており，児童生徒の日本語
の能力が不十分な場合は，学習内容を日本語で十分に理解できない，授業につ
いていけない，日本語で読み書きし，自分の言葉で考えを述べたり，作文した
りすることができない等，様々な学習面で困難を抱えている。それでは，具体
的にはどのように学校で日本語指導を行えばよいのだろうか。

　まず，児童生徒に日本語指導が必要かどうかを判断する際に，学校は児童生
徒の学校での学習態度や仲間関係，来日してからの日数を基準に判断している
ことが多い。そこで児童生徒の日本語能力を調べるために，文部科学省(2016)
は「外国人児童生徒のための JSL 対話型アセスメント DLA」を作成した。DLA
（Digital Language Assessment：図 3-2）は，学校が児童生徒の日本語の能力
を把握し，指導方針を検討するための尺度であり，「話す」「読む」「書く」「聴
く」の４つの日本語能力を柱に，日常会話は問題ないが，教科学習に困難を感

1. DLA〈はじめの一歩〉語彙カード

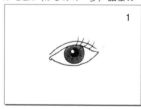
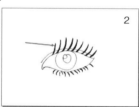

図 3-2　DLA カード〈はじめの一歩〉語彙カード
（「外国人児童生徒のための JSL 対話型アセスメント DLA」（文部科学省, 2016）
より引用）

表 3-2　JSL 評価参照枠〈全体〉

（文部科学省「外国人児童生徒のための JSL 対話型アセスメント DLA」p. 8 より引用，2014）

ステージ	学齢期の子どもの在籍学級参加との関係	支援の段階
6	教科内容と関連したトピックについて理解し，積極的に授業に参加できる	支援付き自律学習段階
5	教科内容と関連したトピックについて理解し，授業にある程度の支援を得て参加できる	
4	日常的なトピックについて理解し，学級活動にある程度参加できる	個別学習支援段階
3	支援を得て，日常的なトピックについて理解し，学級活動にも部分的にある程度参加できる	
2	支援を得て，学校生活に必要な日本語の習得が進む	初期支援段階
1	学校生活に必要な日本語の習得がはじまる	

じている児童生徒を対象としている。そして日本語の力を 6 段階の「ステージ」に分け，「JSL 評価参照枠〈全体〉」をもとに必要な支援を判断する（表 3-2）。実際には学校が DLA などの日本語能力測定方法を用いることはまだ少なく，今後の活用や尺度の開発が期待される。なお，文部科学省は情報検索サイト「かすたねっと」に，教育委員会が作成した教材や検索機能，学校生活を紹介する動画コンテンツを多言語で用意し，外国語で利用できるよう工夫している。同サイトを閲覧してみてほしい。

(2)「特別の教育課程」における日本語指導

　日本語指導は，①在籍学級から取り出して，別教室において日本語能力に応じて特別の指導を行う「取り出し型の日本語指導」と，②在籍学級の通常の教育課程により，入り込み指導や授業者の配慮による指導を行う方法の 2 通りに大別できる。

　2014 年に「学校教育法施行規則の一部を改正する省令」（平成 26 年文部科学省令 2 号）が発令され，「特別の教育課程」として，①の「取り出し型の日本語指導」を編成，実施できるようになった。同省令は「小学校，中学校，中等教育学校の前期課程又は特別支援学校の小学部若しくは中学部において，日本語に通じない児童又は生徒のうち，当該児童又は生徒の日本語を理解し，使用する能力に応じた特別の指導（以下「日本語の能力に応じた特別の指導」）を行う必要があるものを教育する場合には，文部科学大臣が別に定めるところ

により，特別の教育課程によることができることとすること」（56条の2，79条，108条1項及び132条の3関係）と定めている。「特別の教育課程」は日本語を用いて学校生活を営むとともに，学習に取り組むことができるようにすることが目的であり，授業時数は年間10単位時間から280単位時間までを標準としている。

「特別の教育課程」では，日本語指導担当教員を中心に，学校が作成する指導計画に沿って，指導や支援の補助を行う補助支援者，教科学習の補助を行う支援者，そして，児童生徒の母語がわかる支援者が，児童生徒と保護者を支援する。特に母語がわかる支援者は，児童生徒のために通訳や翻訳を行い，保護者と連絡をとるなど，学校生活に密着した支援を行っている。

さらに，2017（平成29）年に改訂された小中学校の「学習指導要領総則」（平成29年告示）の「第3章 教育課程の編成及び実施 第4節 生徒（児童）の発達の支援」は，「2 特別な配慮を必要とする生徒（児童）への指導」において，「(2) 海外から帰国した生徒（児童）や外国人の生徒（児童）の指導」として，次のように定めている。すなわち，①「学校生活への適応等」（ア）「海外から帰国した生徒（児童）などについては，学校生活への適応を図るとともに，外国における生活経験を生かすなどの適切な指導を行うものとする」および②「日本語の習得に困難のある児童への通級による指導」（イ）「日本語の習得に困難のある児童については，個々の児童の実態に応じた指導内容や指導方法の工夫を組織的かつ計画的に行うものとする。特に，通級による日本語指導については，教師間の連携に努め，指導についての計画を個別に作成することなどにより，効果的な指導に努めるものとする」の2点を規定している。高校の「学習指導要領総則」（平成30年告示）も同様に①，②を規定している。

従来行われてきた「取り出し型」と「入り込み型」の日本語指導を具体的にどのように行えばよいかについては，「学習指導要領」（平成29・30年告示）においてはじめて，小中高に共通で明記されたのである。

7 日本語指導プログラム

「外国人児童生徒の受け入れの手引き（改訂版）」において，文部科学省（2019

表 3-3　外国人児童・生徒用日本語テキスト「たのしいがっこう」（東京都教育委員会）

1	あいさつ　と　へんじ	6	もちもの
2	からだ　の　ちょうし	7	わたし　の　がっこう
3	たのむとき　たずねるとき	8	がっこう　の　いちにち
4	がっこう　の　いきかえり	9	じかんわり
5	なかよく　あそぼう	10	がっこう　の　いちねん

c) は次の5つのプログラムを用意し，児童生徒の日本語能力に合わせて使い分けるよう示している。

　まず，①「サバイバル日本語」プログラムは，言語，文化，習慣の違いから来る困難に直面する来日直後の児童生徒向けで，挨拶の言葉や具体的な場面で使う日本語表現を学習する活動が中心である。次に，②「日本語基礎」プログラムは，文字や文型など，日本語の基礎的な知識や技能を学ぶ。日本語の知識・技能を獲得しつつ，学校への適応や教科学習に参加するための基礎的な力：（A）発音の指導，（B）文字・表記の指導，（C）語彙の指導，（D）文型の指導の4つを身につける。そして，③「技能別日本語」プログラムは，「聞く」「話す」「読む」「書く」の言葉の4つの技能のうち，どれか1つに焦点を絞った学習で，小学校高学年以上，特に中学生に有効である。続く④「日本語と教科の統合学習」プログラムは，日本語と教科内容を1つのカリキュラム「日本語と教科の統合学習」として学ぶ。教科等の内容と日本語の表現とを組み合わせて授業で学ぶ。文部科学省が開発した「JSL カリキュラム」が該当する。最後に，⑤「教科の補習」プログラムは，在籍学級の教科内容を取り出し指導で復習的に学習したり，入り込み指導として，担当教師や日本語指導の支援者の補助を受けたりしながら取り組む学習である。①から⑤は基礎・基本から教科学習まで，5段階のレベルで日本語指導を行うためのプログラムである。

　それでは具体的には，どのような日本語指導プログラムがあるのだろうか。ここでは東京都と札幌市の取り組みを紹介する。まず「サバイバル日本語」については，東京都教育委員会が「外国人児童・生徒用日本語テキスト『たのしいがっこう』」を作成し，23 の言語に翻訳している。同テキストは 10 の目次（表 3-3）から編成されている。東京都 HP から各国語で同テキストをダウンロードできる。

5. お母さん（お父さん）に　電話したいです。　　9. 家に　あります。

我要给妈妈（爸爸）打个电话。
어머니（아버지）에게
　　　　　전화 하고 싶습니다.
Я хочу позвонить маме (папе).
I want to call my mother（father）
Quero telefonar para minha mãe / para meu pai.
Quisiera llamar (telefonear) a mi madre (padre).

在家里有。
집에 있습니다.
У меня есть эта
вещь дома.
I left it in my house.
Dexei em casa.
La (Lo) dejé en mi casa.

図3-3　『外国人児童・生徒のためのサバイバルカード』の例（「札幌子ども日本語クラブ」HP より引用）

　次に，「札幌子ども日本語クラブ」（2007）は『外国人児童・生徒のためのサバイバルカード』を作成し，著作権フリーで公開している（図3-3）。

8　おわりに

　本章では，国際化した日本社会において，海外から帰国した児童生徒や外国人の児童生徒が増加していること，令和の法令改正，「特別の教育課程」等で日本語指導が必要な児童生徒に個別指導を行うプログラムを概観してきた。グローバル化した現代社会では，SNSや動画サイト，双方向でコミュニケーションできるオンライン通話アプリなど，物理的には何千キロメートルも離れている国や地域をつなぐインターネットの通信手段が，海外の人々とのコミュニケーション手段として日常で使われている。ビジネスからプライベートまで，オンラインやオンデマンド形式で人と人がリアルタイムで簡単につながることができる時代になった。

　人と人との国際交流が活発になると，国際結婚やビジネスの往来，留学が増え，子どもを取り巻く環境もより国際化する。高等学校学習指導要領総則（平成30年告示）は，「言葉の問題とともに生活習慣の違いなどによる生徒の不適応の問題が生じる場合もあるので，教師自身が当該児童生徒の言語的・文化的背景に関心をもち，理解しようとする姿勢を保ち，温かい対応を図るとともに，当該生徒を取り巻く人間関係を好ましいものにするようホームルーム経営等において配慮する必要がある」としている（p. 165）。

　2021（令和3）年に中央教育審議会は「『令和の日本型学校教育』の構築を

目指して〜全ての子供たちの可能性を引き出す，個別最適な学びと，協働的な学びの実現〜（答申）」の第Ⅱ部各論「5. 増加する外国人児童生徒等への教育の在り方について」において，外国人の子どもたちが今後の日本を形成することを踏まえ，中学生・高校生のキャリア教育や相談支援を包括的に行い（5章も参照），日本人の子どもを含め，異文化理解・多文化共生の考え方に基づく教育を普及させる必要性を基本的な考え方として打ち出した。

　今後わが国では，16-64 歳の労働力人口が減少する一方で，海外から帰国・来日する児童生徒は増加すると予測されている。多文化共生社会を形成するための新たな教育のあり方が問われている。

参考文献

国立教育政策研究所（2019）．教員環境の国際比較―学び続ける教員と校長―OECD 国際
　　　教員指導環境調査（TALIS）2018 報告書　ぎょうせい

厚生労働省（2020）．「外国人雇用状況」の届出状況まとめ（令和 2 年 10 月末現在）Retrieved
　　　from https：//www.mhlw.go.jp/stf/newpage_16279.html（2021 年 8 月 21 日）

文部科学省（2014）．外国人児童生徒のための JSL 対話型アセスメント DLA Retrieved
　　　from https：//www.mext.go.jp/a_menu/shotou/clarinet/003/1345413.htm（2021 年
　　　8 月 21 日）

文部科学省（2016）．外国人児童生徒等に対する教育支援に関する基礎資料 Retrieved from
　　　https：//www.mext.go.jp/b_menu/shingi/chousa/shotou/121/shiryo/__icsFiles/afiel
　　　dfile/2016/06/27/1373539_04.pdf（2021 年 8 月 21 日）

文部科学省（2017a）．小学校学習指導要領（平成 29 年告示）Retrieved from https：//www.
　　　mext.go.jp/component/a_menu/education/micro_detail/__icsFiles/afieldfile/2018/09
　　　/05/1384661_4_3_2.pdf（2021 年 8 月 21 日）

文部科学省（2017b）．中学校学習指導要領（平成 29 年告示）Retrieved from https：//www.
　　　mext.go.jp/a_menu/shotou/new-cs/youryou/chu/（2021 年 8 月 21 日）

文部科学省（2018）．日本語指導が必要な児童生徒の受入状況等に関する調査（平成 30
　　　年 5 月）Retrieved from https：//www.mext.go.jp/content/20200110_mxt-kyousei01
　　　-1421569_00001_02.pdf（2021 年 8 月 21 日）

文部科学省（2019a）．情報検索サイト「かすたねっと」（教育委員会等作成の多言語文書
　　　や教材の検索サイト）Retrieved from http：//www.casta-net.jp（2021 年 8 月 21 日）

文部科学省（2019b）．OECD 国際教員指導環境調査（TALIS）2018 報告書―学び続ける
　　　教員と校長―のポイント Retrieved from https：//www.mext.go.jp/component/b_
　　　menu/other/__icsFiles/afieldfile/2019/06/19/1418199_2.pdf（2021 年 8 月 21 日）p. 9

文部科学省（2019c）．外国人児童生徒受入れの手引き（改訂版）Retrieved from https：/

/www.mext.go.jp/a_menu/shotou/clarinet/002/1304668.htm（2021 年 8 月 21 日）p. 2

文部科学省(2020). 外国人の子供の就学状況等調査（令和 2 年 3 月）Retrieved from https：//www.mext.go.jp/content/20200326-mxt_kyousei01-000006114_02.pdf（2021 年 8 月 21 日）

OECD（2013). Education at a Glance 2013：OECD Indicators Retrieved from https：//www.oecd.org/education/eag2013%20(eng)–FINAL%2020%20June%202013.pdf（2021 年 8 月 21 日）

OECD（2015). Education at a Glance 2015：OECD Indicators Retrieved from https：//www.oecd.emb-japan.go.jp/files/000398873.pdf（2021 年 8 月 21 日）

札幌子ども日本語クラブ 外国人児童・生徒のためのサバイバルカード Retrieved from https：//sknc.skr.jp/survival-card（2021 年 8 月 21 日）

出入国在留管理庁(2020). 令和元年末現在における在留外国人数について Retrieved from https：//www.moj.go.jp/isa/publications/press/nyuukokukanri04_00003.html（2021 年 8 月 21 日）

総務省多文化共生の推進に関する研究会（2020). 多文化共生の推進に関する研究会報告書—地域における多文化共生の更なる推進に向けて— Retrieved from https：//www.soumu.go.jp/main_content/000718726.pdf（2021 年 8 月 21 日）

東京都教育委員会 外国人児童・生徒用日本語テキスト『たのしいがっこう』Retrieved from https：//www.kyoiku.metro.tokyo.lg.jp/school/document/japanese/tanoshi_gakko.html（2021 年 8 月 21 日）

第 2 部　教師の仕事と役割

4 章

「学び」に誘う教師に求められること

　今日の教育課程と学校教育の目標のあり方をめぐる議論においては，子どもたち自身による「学び」を重視する方向性が強調されている。

　学びが強調されている背景には，「コンテンツ（contents：内容）」を中心にした考え方から，「コンピテンシー（competencies：資質・能力）」を軸にした考え方に基づいて教育課程を構想しようとする世界的な潮流がある。現在の日本の教育課程政策でも，OECD（経済協力開発機構）のキー・コンピテンシー（key competencies）[1]の概念とも関わりながら，学校教育が目指すべき方向のシフトチェンジが進行している。「学力」ではなく「資質・能力」，「コンテンツ」から「コンピテンシー」へという流れである。

　教師には，子どもたちの学びを促進するための触媒となり，環境を作り出す役割が期待されている。そのためには，教師自身が不断に学び続けることが必要だとされる。教育のICT化に伴う学びの手段や環境の変化に対応することも求められている（7章も参照）。

　一方，現在の社会を生き，新しい社会を担っていく子ども自身が求める学びとはいかなるものか，子どもたちの学びの要求に私たちはどのように応答し，どのような授業や学びの環境づくりを行っていくべきだろうか。

2　「学び」重視のカリキュラムへ

(1) 学校教育における「コンピテンシー」の強調

　学校教育の目標をめぐる議論では，世界的に「コンピテンシー」が着目されている。学校では，特定の教科・領域に閉じない一般性と，様々な職業的・社会的文脈で発揮される汎用性をもつ力を生涯にわたって伸長し，発揮していく主体性を育てていくべきだという大きな流れがある（松下，2010）。

　OECD は，1997（平成9）年から始めた「コンピテンシーの定義と選択」（DeSeCo：Definition and Selection of Competencies）プロジェクトにおいて，「相互作用的に道具（モノだけでなく，言語，情報，知識などを含む）を用いる」こと，「自律的に活動する」こと，「異質な集団で共に活動すること」を新たな世紀に求められる主要な能力（キー・コンピテンシー）の3つのカテゴリーとした。そして，この3つのカテゴリーを支える基本部分に「思慮深さ（反省性）」（reflectiveness）を位置づけている。思慮深さには，他者の立場に立って考えることや，自らの思考を批判的に吟味し，調整し，創造的な活動に結びつけるメタ認知をも含んでいる（Rychen & Salganik, 2003）。

　そして，OECD は 2015（平成27）年から「Education2030」プロジェクトを開始している。このプロジェクトは，2030年の社会において求められる力，学校教育で培う力は何かという観点から，キー・コンピテンシーの再定義を行うもので，日本も参加している。新たに示されたフレームワークでは，コンピテンシーを「知識」「スキル」「態度・価値観」が複合し，世界に関わり世界の中で「行為」することに結実する能力としてとらえている。さらに，「学びのコンパス（learning compass）」において，「行為」が向かっていく方向性として，「責任を担うこと（taking responsibility）」「緊張とジレンマを調停すること（reconciling tensions and dilemmas）」「新たな価値を創造すること（creating new value）」が示されている（松下，2018）。

　2017（平成29）年（小・中学校），2018（平成30）年（高校）に改訂された学習指導要領にも，その動向は反映されている。教育課程全体を通してどの教科・領域でも身につけるべき「資質・能力」として「知識及び技能」「思考力，判断力，表現力等」「学びに向かう力，人間性等」が掲げられた。さらに，2019

（平成31）年に改訂された指導要録（国が示す評価の標準的な様式）の評価観点「主体的に学ぶ意欲」では，学習に対する「粘り強さ」だけでなく，「自ら学習を調整しようとする態度」を評価するものとなった。

(2)「バックキャスティング」手法に基づく学校教育目標の構想

　今日の教育政策における「資質・能力」は，「バックキャスティング」（back-casting）の手法（Dreborg, 1996）に基づいて提起されている。これは，様々に構想された未来の社会の状態を起点に，これからの社会を生きていくうえでどんな力が必要かを想定し，学校教育の目標を定めようとするものである。

　様々に構想されている社会像，あるいは来るべき社会を特徴づけるキーワードとしては，「知識基盤社会」，「Society 5.0」，「第4次産業革命」，「人生100年時代」，「SDGs（持続可能な開発目標）」などが提起されている。

　ただし，どのような予測をしてもそれを覆すような変化が生じる「VUCA（Volatility, Uncertainty, Complexity, Ambiguity）」（変動性，不確実性，複雑性，曖昧性）が付き纏う未来である。そのため，今の学校教育で何を準備すべきかという教育目標に関する議論も，〈過去から現在〉へという方向性に基づく「学力」論から，〈未来から現在へ〉という方向性に基づく「資質・能力」論にシフトしているという（松下・木村，2021）。バックキャスティング的な発想で学校教育の目標が構想される流れは不可逆的な変化であるし，そこには一定の必然性もある。

　高度経済成長を遂げた日本では，経済界が教育政策を主導する形で，文部科学省が教育改革を推し進めてきた。2020年代に入り，日本経済団体連合会（経団連）がデジタル化と高等学校教育改革を掲げたため，文部科学省は教育の情報化を加速度的に推し進めている（7章も参照）。さらに遡ると1980年代頃から日本の経済界は，「大量生産・大量消費」型の生産活動から，モノとサービスの生産・流通・販売過程のカスタマイズ化とグローバル化，知識・情報・アイディアの不断の更新と創出を特徴とする産業構造の変化に対応できるような，主体的で柔軟な学習能力を求める要請をすでに行っていた。文部省(当時)もこうした要請に対応していく。1991（平成3）年には「新しい学力観」に基づいて指導要録が改訂され，成績評価における「関心・意欲・態度」観点が重

視されるようになった。1998（平成 10）年の小・中学校，1999（平成 11）年
の高校学習指導要領改訂では，「いかに社会が変化しようと自分で課題を見つ
け，自ら学び，自ら考え，主体的に判断し，行動し，よりよく問題を解決する
資質や能力」が掲げられた。

　そして，小・中学校で 2017（平成 29）年，高校では 2018（平成 30）年に改
訂され，小学校で 2020（令和 2）年，中学校で 2021（令和 3）年に実施されて
いる学習指導要領（高校は 2022（令和 4）年から実施）は，児童・生徒に求め
られる一般的・汎用的な「資質・能力」を教科等横断的な学習を通じて育むた
めに，児童や学校の実態，指導の内容に応じ，「主体的な学び」「対話的な学び」
「深い学び」の視点から授業改善を図る方針を示している。

　この改訂の背景には，子どもたちが社会に出ていく際に必要なコンテンツを
リストアップし，漏れなく準備するという発想に基づいてカリキュラムを編成
することはもはや不可能であるという認識の広がりがある。現在の学校教育の
カリキュラムがますます過密化する傾向（「オーバーロード」）への対応も求め
られている（奈須，2021）。

　このような背景から，子ども自身の「学び」を通じてコンピテンシー（資質・
能力）を培うこと，学校を出た後も自ら学び続け，学びの達成度や方向性，妥
当性を自己評価し，自己を教育し続けることができることが，学校教育の目標
として強調されている。

(3) 「主体的・対話的で深い学び」と「個別最適な学び」「協働的な学び」

　2017（平成 29）年，2018（平成 30）年改訂の学習指導要領では，資質・能
力を培うために，子どもたちの「主体的・対話的で深い学び」の実現という観
点から授業改善を図っていくことを，学校と教師に求めている。

　「主体的な学び」とは，学ぶことに興味や関心をもち，自己のキャリア形成
の方向性と関連づけながら，見通しをもって粘り強く取り組み，自己の学習活
動を振り返って次につなげる学びである。「対話的な学び」は，子ども同士の
協働，教職員や地域の人との対話，先哲の考え方を手掛かりに考えること等を
通じ，自己の考えを広げ深める学びである。そして，「深い学び」は，各教科
等の特質に応じた「見方・考え方」を働かせながら，知識を相互に関連づけて

より深く理解したり，情報を精査して考えを形成したり，問題を見出して解決策を考えたり，思いや考えをもとに創造したりすることに向かう学びである。

　2015（平成27）年12月21日の中央教育審議会答申（「これからの学校教育を担う教員の資質能力の向上について」）では，「アクティブ・ラーニング」の視点から学習・指導方法を改善していくとされていた（中央教育審議会, 2015）。だが，アクティブ・ラーニングという言葉が単なる活動主義の傾向をもたらすことに懸念が出された。教科等で質の高い，生きて働く知識を培い，文脈横断的に働く見方・考え方を育てることが重要であるという認識から，主体的・対話的で深い学びが用いられるようになった（松下，2018）。

　さらに，2021（令和3）年1月26日に中央教育審議会が出した答申「『令和の日本型学校教育』の構築を目指して」では，予測不可能な未来社会を自立的に生き，社会の形成に参画するための資質・能力の育成を学校教育の目標として掲げ，「個別最適な学び」と「協働的な学び」の一体的な充実を図っていく方針を示している。この答申が示す2つの「学び」は，教育のICT化を推進する文脈の中で示されたものである。子ども一人ひとりが自らのペースで進める個別最適化された学びと，オンラインで他の学校等とつながる協働的な学びが想定されている（7，13章も参照）。

3　何に向かう，誰のための「学び」なのか

(1)〈未来から現在へ〉の見通しは誰のためか

　ただし，「資質・能力」の育成と「学び」を掲げて進行する今日の教育課程政策の動きに対しては懸念もある。

　バックキャスティングの手法で〈未来から現在へ〉という方向性で学校教育の目標を考える動きが進む中で，幼児期には「小さな小学生」，小学校では「小さな中学生」…というように，新しい社会が求めるとされる人間像と能力の獲得をとにかく急がせる動きが，子ども自身の学びと育ちの願いをそっちのけにして進行していることも懸念される。

　子どもは様々な生活場面の中で，あるいは，自然や社会，他者との関わりの中で，いわばその「生活史」を通じて自らの感情や考えを何らかの形で表現し，

人に伝えたいという欲求をもち，実際に表現していく。

　子どもの生活と発達との関わりで教育内容と教材のあり方を考えるとき，ヴィゴツキー（Vygotsky, L. S.）が学校で子どもが学ぶ内容に先立って，子どもにはその習得に至る「前史」があると指摘している点は重要である。

　ヴィゴツキーは主に書きことばを取り上げて次のように論じている（Vygotsky, 1935／2003）。子どもは，まずは身ぶりを通して，次に「固定された身ぶり」（p. 120）としてのなぐりがきの絵を通して，さらにはごっこ遊びの中で特定の事物を恒常的に何かに見立てる「記号」化（p. 126）を通して，事物をシンボリックに表現する欲求を満たしていく。学校での書きことばの教授・学習は，事物を何らかの記号を用いて描くだけでなく，事物に対応した「ことばも描くことができる」（p. 138）ことの発見と獲得として準備され，実践される必要がある。そして，高次な形態の書きことばへと進んでいく発達過程は「ジグザグで，切れぎれで，もつれた」（p. 139）ものであり，「発達・前進・新しい形態の誕生」と「古いものの縮小・死滅・逆発達の過程」を辿るもの（p. 118）である。こうした過程を無視して単に文字を取り出して語を作ることを教えることは「語の書記」にすぎず（p. 115），書きことばを教えることではない。変身と断絶に満ちた書きことばの発達が，適切な時期と方法において行われる教授・学習によってどのように生じるかを検討する必要があるという。

　学校教育で教えられることばや，様々な知識は，子どもたちの内側から湧き出るこのような表現の欲求と対峙しながら，彼らの認識を科学的にも，生活面においても豊かにしていくものではないか。このことを無視して学びの「先取り」を急がせる動きが進めば，大人世代にも見通せない現在の社会を生き，未来の社会を形成していく子どもの発達課題や要求への応答性が軽視され，現在の社会において支配的な位置を占める人々が構想する未来社会像に教育目標を従属させる傾向が強まりかねない。

(2) 教育の ICT 化がもたらす可能性と危険（7，13 章も参照）

　「令和の日本型学校教育」答申が ICT 化の導入を軸に推奨している「個別最適な学び」「協働的な学び」については，可能性と危険性の両面がある。

　GIGA スクール構想によって「1 人 1 台端末」が実現し，デジタル教科書や

デジタル黒板の性能も向上し，ICT ドリル等のオンライン教材の開発も進み，効率的な学習を進める環境が整いつつあるようにもみえる。子どもたちの学びの履歴が「デジタル・ログ」によって可視化・共有化され，それぞれの学習進度にふさわしいフィードバックを受けたり，それぞれの学習において必要な情報や助言を適時に得たりすることができる環境も整うかもしれない。新型コロナウイルスが再び蔓延した場合に再度の長期休校となる可能性を見据え，教育の ICT 化を推進し，子どもたちの学びが途切れない環境と条件を整備する必要もあるだろう。

　また，テクノロジーの普及は，人間の活動に対する身体的，空間的，時間的制約を取り払い，様々な人々との新たなつながりや協働を可能にする側面がある。中教審の「令和の日本型学校教育」答申は，そのような意味で「協働的な学び」という言葉を用いている。1970 年代半ば頃から，学校で求められる学習の内容や規律・生活のルールと，空間・時間の使い方やライフスタイルの個人主義的多様化が進行する消費型社会を生きる子どもたちの生活様式・リズムとの不適合が顕在化していた。教育の ICT 化によって，学習する手段や環境，ペースなどを自由に選択し，様々な人々や情報にアクセスできることは，子どもたちに学びの自由を広げることになりうる。

　一方，教育の ICT 化を推進することは，子どもの教育にとって，子どもの発達という観点からみてどのような点で問題があるかについても，慎重に検討していかなければならない。

　ICT は触れることのできる情報を飛躍的に増大させるが，得た情報を整理し考察するといった，思考プロセスの妨げになることも懸念される。紙の本で学習する場合には，情報量が凝縮された文章に向き合い，直線的に注意をしながら読み進め，思考や想像をめぐらせながら情報量の少なさを補っていく必要があるという。このような学習を通して，深い思考が可能になるのであり，常に PC 画面で文章をみることは，深い読解の妨げになるという（辻，2020）。子どもたちはただ与えられた刺激に反応し，あらかじめ限定された範囲で思考することのみを求められることになるかもしれないということだ。子どもの学びが，あらかじめ決められた範囲やコースの進度の個別化・自由化にとどまるかもしれないということでもある。

　また，教育のICT化が教育予算削減と公的施設の解体的再編の動きに流れれば，子どもが集まって学ぶ施設としての学校が「なくなる」方向に向かうかもしれない。教育のICT化については，子どもの発達が促進されるのかどうかという，教育の本質に関わる視点，そして，公教育の制度のあり方について何を変え何を残すのかという問題と結びつけて検討されなければならない。

　その際に，主に教育のICTの推進と関わって打ち出された「個別最適な学び」「協働的な学び」と，2017（平成29）年・2018（平成30）年改訂学習指導要領が打ち出す「主体的・対話的で深い学び」の関連をどのようにとらえていくかが鍵となる。特に，協働的な学びについては，対面型の授業の中で，子どもが様々な他者や事物との相互作用を通じて体験すること，それを話したり書いたりして表現し合い，学習集団として思考や認識を深めていくことも大切となる。オンライン会議システムで代替できない学びもあるということだ。

4　子どもの「学び」中心の授業づくりに求められるもの

　「学び」中心の授業形式が学校教育のカリキュラムや授業において強調される背景と意義，課題について検討してきた。では，子どもの学びを促進する授業を作り，実践するうえで，教師にはどのような力が求められるのだろうか。

　子どもの学びを軸に置いた学習を組織するということは，あらゆる子どものうちにもともと備わっている能力に信頼を置くものである。コンピテンシーや資質・能力を培う教育は，すべての子どもに生まれながらにして等しく備わっている「能力獲得可能性」と，「共通の進行手順」を通じた能力の獲得を前提として考えられる。子どもは，能動的かつ創造的な学習主体として位置づけられ，外的に押しつけられる規制に従属しない，暗黙で見えない行為としての学習における「自己調節性」が強調される（Bernstein, 1996／2000, p. 98）。

　教師は，自らの指導性をあえて後景に退かせ，「何を，どうやって，どういう順番で，どういうペースで」学ぶかについて，子どもに学習の主導権を委ねることになる。また，評価についても，子ども一人ひとりの個性や成果に即して多様かつ多元的なものになる。これは，評価についていくつものモノサシがあり，しかもモノサシの間には優劣はないということを意味する。教師は，子

どもたちの作品や発言の中に，今まさに育ちつつある力，伸びつつある力を読み取ることが求められる。

　学校での仲間との学習を通じて科学的・客観的に物事をとらえる視座を獲得すること，新しいことがわかることやできることは，子ども一人ひとりの，人間としての「いのち」と生活の尊さを輝かせるためにこそ必要である。いや，子どもたちが学んでいるその営みの中でそのいのちが輝いているともいえる。

　子どもたちの学びの多様で豊かなプロセスに寄り添い，彼らの学びの要求に応答できる教師になるためには，次の点について理論的にも，実践的にも深く理解していることが必要であろう。

　まず，学びにおける主体性に関わることとして，子どもには，生き生きと豊かな学び，自律的な学びを通じて成長・発達する権利が与えられなければならないということである。子どもが自己を成長させるという場合には，学習を通じて行動，知識，価値，関係の新たな形やより発展した形を獲得することが含まれる。この点で，子どもたちには，何かが豊かに「わかる」こと，その認識世界の広がりや深まりを伴ってわかることが保障されなければならない。ある時期に，「今まであれこれと学んできたが，要するにこうだったのか！」という体験が生じ，新しいものの見方を獲得することができた喜びを噛みしめながら，夢中で新たな課題に取り組んでいく。子どもが学習によって新たな行動，知識，価値，関係を獲得し，そのことを通じて自己成長していく過程は，本来このようなドラマをはらむ生き生きとした思考の躍動のある過程であろう。

　次に，学びにおける対話については，教室での学びを教師と子ども，および子ども間の関係性においてとらえるとき，自分が「わかる」ということを他者がどう認識しているか，その認識を安心と信頼に基づくものに変えることも重要である。授業で自分が何か新しいことに気付いたり，それまでできなかったことができるようになったりしたことに対して，教師や他の子どもが関心をもって応答してくれること，間違ったりできなかったりしたときにも，一緒に考え，支え励ましてくれること。こうしたことを繰り返し経験した子どもは，学習を通じた自らの成長と発達が教室において望まれていること自体を学習し，学習そのものに対する意欲も高めていくであろう。

　そして，学びの深さということでは，自然や社会の事物，教材として提示さ

れた科学・文化との対話を通じて，自らの知を広げ深め，豊かな認識や価値や感情の広がりや深まりがもたらされることが大切であろう。さらに，自分はどのように生きてきて，現在どのように生き，何を願い，どのような形で社会と関わり，どんな人生を切り開いていくのか。子どもたちがそんな展望をもちながら，この世界や社会に対する批判的な理解と新たな意思決定や行動の可能性が開かれ，アイデンティティを確立・更新していく過程が保障されなければならない（5，13章も参照）。

5　おわりに

　子どもの学びを中心とした授業づくりを行うことは，子ども自身の興味や関心を生かし，子ども一人ひとりがそれぞれのペースややり方で学習を進め，お互いの考え方や感じ方を交流することを尊重するものである。そうすることで，子どもたちの中に学ぶ姿勢と意欲を培うこと，変化しつつある現在の世界を認識し，働きかけながら，新しい社会の創造的な担い手として育つ機会を開くことにもなる。

　一方，教師に求められる力はこれまで以上に大きい。教師は，子どもたちが取り組む学習テーマに関して十分な情報収集や事前学習を積み重ね，子どもの思考の展開や発言の流れをシミュレーションし，実際の学習の場面では即興的で柔軟な対応をしなければならない。

　教師自身が主体的に学び続け，教育のICT化の流れを子どもの学びの促進に資するように使いこなす展望と力量の獲得を含め，新しい時代の教育を担う資質・能力を向上させていく必要がある。その際に，誰のため，何のための学校教育かということを忘れないようにしたい。子どもの学びの事実に立ち止まり，それを喜び，子どもの成長にとって大切な瞬間を見逃さない教師として成長していってほしい。

注
(1) キー・コンピテンシーとは,「OECD が 1999～2002 年にかけて行った「能力の定義と選択」(DeSeCo) プロジェクトの成果で, 多数の加盟国が参加して国際的合意を得た新たな能力概念」である。詳しくは本章 1 節を参照のこと (国立教育政策研究所ホームページ https : //www.nier.go.jp/04_kenkyu_annai/div03-shogai-lnk1.html)。

参考文献
Bernstein, B.（1996）. *Pedagogy, symbolic control and identity : Theory, research, critique, critical perspectives on literacy and education.* London : Taylor & Francis.（久冨善之・長谷川裕・山﨑鎮親・小玉重夫・小澤浩明（訳）(2000).〈教育〉の社会学理論─象徴統制,〈教育〉の言説, アイデンティティ　法政大学出版会）

中央教育審議会（2015）. これからの学校教育を担う教員の資質能力の向上について─学び合い, 高め合う教員育成コミュニティの構築に向けて(答申)Retrieved from https : //www.mext.go.jp/component/b_menu/shingi/toushin/__icsFiles/afieldfile/2016/01/13/1365896_01.pdf（2021 年 12 月 4 日）

中央教育審議会（2021）.『令和の日本型学校教育』の構築を目指して（答申）Retrieved from https : //www.mext.go.jp/content/20210126-mxt_syoto02-000012321_2-4.pdf（2021 年 12 月 5 日）

Deborg, K.（1996）. Essence of backcasting. *Futures, 28*（9）, 813-828.

松下佳代（2018）. 資質・能力とアクティブ・ラーニングを捉え直す　グループ・ディダクティカ（編）深い学びを紡ぎだす─教科と子どもの視点から（pp. 3-25）　勁草書房

松下佳代（編著）（2010）.〈新しい能力〉は教育を変えるか─学力・リテラシー・コンピテンシー　ミネルヴァ書房

松下佳代・木村　元（2021）.〈つながる・はたらく・おさめる〉の教育学の地平　教育目標・評価学会（編）〈つながる・はたらく・おさめる〉の教育学（pp. 239-260）日本標準

奈須正裕（2021）.「少ない時数で豊かに学ぶ」授業のつくり方─脱「カリキュラム・オーバーロード」への処方箋　ぎょうせい

Rychen, D. S., & Salganik, L. H.（Eds.）（2003）. *Key competencies for a successful life and a well-functioning society.* Göttingen, Germany : Hogrefe & Huber Publishers.（立田慶裕（監訳）(2006). キー・コンピテンシー─国際標準の学力をめざして　明石書店）

辻　元（2020）. デジタル教科書は万能か?─情報を減らす教育の再評価を　世界, *932*, 172-180.

Выго́тский, Л. С.（Vygotsky, L. S.）（1934）. Умственное развитие ребенка в процессе обучения. М.- Л.（土井捷三・神谷栄司（訳）(2013).「発達の最近接領域」の理論─教授・学習過程における子どもの発達　三学出版）

5 章

子どもの心を育む生徒指導と教育相談，子どもの未来をつくるキャリア教育

1　はじめに

　生徒指導と教育相談は，すべての子どもが学校で安全に希望をもって過ごせるように集団指導を行うとともに，課題を抱える子どもに対して心理や福祉の専門家が中心になって個別指導を行う学校教育活動である。そしてキャリア教育は，校内の進路指導や校外の職場体験等を通じて子どもの未来をつくりあげるための教育である。いずれも学校，地域，保護者，行政が連携して子どもの心を育み，未来をつくる「チームとしての学校」のあり方が鍵になる（2，6，10章も参照）。

2　生徒指導と教育相談の課題

(1)　生徒指導と教育相談
①生徒指導とは―消極的生徒指導から積極的生徒指導への転換（9章も参照）
　2010 年に文部科学省が学校や教職員向けに公刊した『生徒指導提要』は，生徒指導を「一人一人の児童生徒の人格を尊重し，個性の伸長を図りながら，社会的資質や行動力を高めることを目指して行われる教育活動」と定める。また生徒指導とは，「社会の中で自分らしく生きることができる大人へと児童生徒が育つように，その成長・発達を促したり支えたりする意図でなされる働きかけ」である（滝，2011，p. 2）。そして「教育相談は，生徒指導の一環として位置付けられるものであり，その中心的な役割を担うもの」である（文部科

学省，2010，p. 92）。

　生徒指導の法的根拠については，1970 年代にいじめ・不登校・校内暴力な
ど「学校型非行」の問題行動が顕在化したため，1975（昭和 50）年に「生徒
指導主事」が制度化された。「生徒指導主事」とは「校長の監督を受け，学校
における生徒指導計画の立案，実施，生徒指導に関する資料の整備，生徒指導
に関する連絡・助言等生徒指導に関する事項を司り，当該事項について教職員
間の連絡調整に当たるとともに関係教職員に対する指導，助言に当たる者」（学
校教育法施行規則 70 条）を指す。なお，非行や暴力行為など問題行動の指導
は「消極的生徒指導」と呼ばれる（文部省，1981）。現代でも生徒指導は「児
童生徒が起こした問題に対処するための働きかけのみを指すかのような狭い受
け止め方も，相変わらず根強い」（滝，2011，p. 5）。しかし近年，生徒指導と
教育相談の双方の視点から，問題行動の背景にある児童生徒の心身の問題や発
達障害，家庭環境に配慮し，すべての児童生徒に対して集団指導と個別指導を
行う「積極的生徒指導」を生徒指導の基本に据える動きが活発化している（本
間・内田，2016）。

②生徒指導と教育相談の役割

　『生徒指導提要』による生徒指導と教育相談の定義は，校内では学級経営や保
健・安全指導，進路指導と関連づけ，対外的には保護者や地域と連携して行う
学校教育活動である（文部科学省，2010，図 5-1）。すべての児童生徒が学校
生活を安全に，かつ希望をもって送ることができるように集団指導を行う一方，
学習面，発達面，いじめや不登校，SNS のトラブル，性の問題など，課題を抱
える児童生徒への個別指導を柔軟に行うのが生徒指導と教育相談の役割である。

(2) 集団指導と個別指導—ガイダンスとカウンセリング

　すべての児童生徒を対象とする集団指導と，一人ひとりが抱える課題や悩み
に寄り添う個別指導については，中学校学習指導要領（平成 29 年告示）第 5
章第 3 の 2 の（3）で，次のように示されている（小学校と高校もほぼ共通）。

　「（3）学校生活への適応や人間関係の形成，進路の選択などについては，主
に集団の場面で必要な指導や援助を行うガイダンスと，個々の生徒の多様な実
態を踏まえ，一人一人が抱える課題に個別に対応した指導を行うカウンセリン

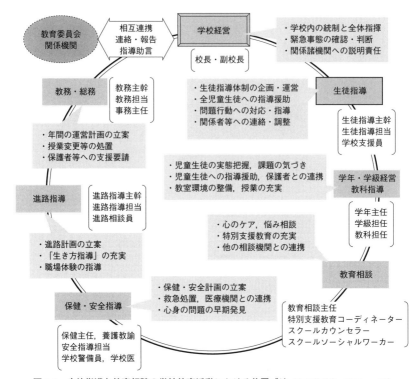

図 5-1　生徒指導と教育相談の学校教育活動における位置づけ（文部科学省，2010, p. 78）

グ（教育相談を含む。）の双方の趣旨を踏まえて指導を行うこと。特に入学当初においては，個々の生徒が学校生活に適応するとともに，希望や目標をもって生活をできるよう工夫すること。あわせて，生徒の家庭との連絡を密にすること」（平成29年告示中学校学習指導要領）。

つまりガイダンス（guidance）とは，児童生徒が学校で希望や目標をもって生活し，入学時に学校に適応し，人間関係を円滑に形成できるよう集団の場で全児童生徒に対して行われる集団指導である。これに対し，カウンセリング（counseling）は個別に行う指導や相談である。

①ガイダンスからカウンセリングへの転換

ガイダンスの始まりは，20世紀初頭にアメリカで起こった「ガイダンス運動」（Guidance Movement）である。1913（大正2）年に全米職業指導協会（Na-

tional Vocational Guidance Association: NVGA）が設立され，大勢の学生に
適した職業をマッチングするために職業指導（vocational guidance）が行われ
た。1920 年代にデューイ（Dewey, J.）を中心とする進歩主義に基づき，ガイ
ダンスは「教育ガイダンス」（educational guidance）として思想化された（坂
本，1977）。その後，どの職業に向いているのかを心理測定尺度を用いて測定
して進路指導を行い，数ある職業の中から適性のあるものにマッチングするガ
イダンスは，①職業指導運動，②心理測定運動，③精神衛生運動の３つが融合
して，カウンセリングに転換していった。なお，ガイダンスがカウンセリング
に転換したのは，1952 年に米国心理学協会（American Psychological Associa-
tion: APA）の第 17 部会の名称が，「カウンセリングとガイダンス部会」（Divi-
sion of Counseling and Guidance）から「カウンセリング心理学」（Division of
Counseling Psychology）部会に変更されたからである（APA, 1956）。そして，
ガイダンスからカウンセリングに名称が変わったのは，問題解決を目指すガイ
ダンスから，人としての成長を援助するカウンセリングに理論的に転換したた
めであった（岩本，2004）。

②カウンセリング

　カウンセリングは生徒指導（個別指導）と教育相談が密接に関わり合い，児
童生徒の成長を促すものであり，３段階に区分できる（表 5-1）。一次的支援は

表 5-1　三段階の生徒指導（個別指導）と教育相談
（文部科学省，2010 と石隈，1999 を一部改変して筆者作成）

		生徒指導（個別指導）	教育相談
一次的支援	全ての児童生徒が対象（未然防止）	「成長を促す個別指導」学級担任を中心とする開発的生徒指導	「開発指向教育相談」入学時の適応，学習スキル，対人関係づくり
二次的支援	一部の児童生徒が対象（早期発見・早期対応）	「予防的な個別指導」学級担任・教科担任の積極的生徒指導，保護者との連絡	「SOS サインの早期発見・早期対応」登校しぶり，学習意欲の低下
三次的支援	問題が顕在化している特定の児童生徒が対象	「課題解決的な個別指導」管理職，生徒指導主事，専門家を中心にチームで対応，外部専門機関との連携	「適応指向教育相談」不登校，いじめ，発達障害，児童虐待，精神医学的問題，非行（飲酒，喫煙，薬物乱用，万引き等）

表 5-2　スクールカウンセラー（SC）とスクールソーシャルワーカー（SSW）の役割
（文部科学省，2015, p. 23 を一部改変して筆者作成）

名称	スクールカウンセラー （School Counselor : SC）	スクールソーシャルワーカー （School Social Worker : SSW）
人材	児童生徒の臨床心理に関して高度に専門的な知識・経験を有する「こころの専門家」	教育分野に関する知識に加えて，社会福祉等の専門的な知識や経験を有する「福祉の専門家」
主な資格等	公認心理師，臨床心理士，精神科医等	社会福祉士，精神保健福祉士等
手法	カウンセリング（児童生徒の心のケア）	ソーシャルワーク（問題を抱える児童生徒が置かれた環境（家庭，友人関係等）への働きかけ）
配置	学校，教育委員会等	教育委員会，学校等
主な職務内容	①個々の児童生徒へのカウンセリング ②児童生徒への対応に関し，保護者・教職員への助言 ③事件・事故等の緊急対応における児童生徒等の心のケア ④教職員等に対する児童生徒へのカウンセリングマインドに関する研修活動 ⑤教員との協力のもと，児童生徒の心理的問題への予防的対応（ストレスチェック等）	①家庭環境や地域ボランティア団体への働きかけ ②個別ケースにおける福祉等の関係機関との連携・調整 ③要保護児童対策地域協議会や市町村の福祉相談体制との協働 ④学校内のチーム体制の構築・支援 ⑤保護者や教職員の支援，相談，情報提供 ⑥教職員等への福祉制度の仕組みや活用等に関する研修活動

すべての児童生徒が対象で，未然防止を目的とする。二次的支援は学習，進路，対人関係，健康，経済的困難など，児童生徒がもつ悩みや不安を早期発見し，早期対応することを目的とする。学級（ホームルーム）担任や教科担任が児童生徒に個別に声をかけ，保護者と連絡を密にする支援である。三次的支援は，問題が顕在化している特定の児童生徒を対象に，学級（ホームルーム）担任以外に，管理職，生徒指導主事，養護教諭，スクールカウンセラー（以下 SC）やスクールソーシャルワーカー（以下 SSW）などの専門家と，チーム体制で対応する支援である（2, 10 章も参照）。

③社会情勢の変化に対応する「チームとしての学校」―専門家（SC と SSW）の活用の促進

　現代の学校と教員は，学習指導に加えて生徒指導も主要な役割を担い，負担が増大している。特に 2020 年以降は世界的な新型コロナウイルスの感染拡大

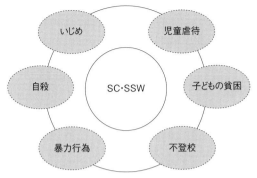

**図 5-2　スクールカウンセラー・スクールソーシャルワー
カーを取り巻く状況**（文部科学省，2015，p. 1）

に伴い，アメリカ，イギリス，フランス，ドイツ，中国，韓国など諸外国の学校が，一斉休校やオンライン授業等の措置をとった（文部科学省，2020）。わが国も同様に同年 3 月から 5 月末まで，公立学校を中心に一斉休校を余儀なくされた（13 章も参照）。現在も新型コロナウイルス感染症対策は続いており，学校が抱える課題は世界的に一層，複雑になり困難化している。総務省は，2020（令和 2）年 5 月 15 日に「学校における専門スタッフ等の活用に関する調査報告書」に基づき，児童生徒を支援し，教員の負担をより軽減するため，SC と SSW の活用を促進するよう文部科学省に勧告した（総務省，2020）。

　学校では SC は「チームとしての学校」体制の「こころの専門家」，SSW は「福祉の専門家」として，児童生徒と保護者の支援にあたる。それぞれの役割や資格，職務内容を表 5-2 に示した。SC と SSW を取り巻く状況は，いじめ，自殺，暴力行為，不登校，貧困，ヤングケアラー，児童虐待など，児童生徒が抱える個別の問題の多様化に伴い，より複雑になり深刻化している（図 5-2）。今後，SC と SSW の一層の活用が期待されている（2，9，10 章も参照）。

3　**キャリア教育（進路指導）**（4 章も参照）

（1）キャリアとは何か

　あなたは「キャリア」と聞いて何を思い浮かべるだろうか。この言葉には職

業に関わるものというイメージがあるが，本来はもっと複雑で幅広い内容を含んでいる。

　キャリア（career）は，ラテン語の「車道」「轍（わだち）」を起源とする英語で，競技場などのコースやトラック（行路，足跡）を意味するものであった。そこから，人の経歴や遍歴，特別な訓練の必要な職業や生涯の仕事を表すようになった言葉である（厚生労働省職業能力開発局，2002）。「キャリア教育の父」ともいわれるスーパー（Super, D. E.）は，キャリアを「生涯において個人が果たす一連の役割，およびその役割の組み合わせ」と定義している（Super，1980）。

　キャリアにおいて特に重要なのが，「つながり」の感覚である。例えば，将来教職につくことを目指して本書で学んでいるあなたは，今学んでいることが将来につながらないと思ったら，本書を投げ出してしまうのではないだろうか。また，あなたの過去と今やっていることが何一つつながらなければ，やる気が起きないのではないだろうか。このように，「今やっていることが自分の過去や未来とつながっている」という感覚をもてることは，自分が人生で果たす様々な役割，職業や仕事を1つの「キャリア」として考えられるということである。そして，この感覚をもちつつ，人が社会の中で自分の役割を果たしながら，自分らしい生き方を実現していく過程を「キャリア発達」と呼ぶ。キャリア教育とは，一人ひとりの社会的・職業的自立に向け，必要な基盤となる能力や態度を育てることを通して，キャリア発達を促す教育のことである（中央教育審議会，2011）。

(2) キャリア教育と進路指導の共通点と相違点

　キャリア教育と進路指導は何が違うのだろうか。キャリア教育の概念を提示した中央教育審議会答申「今後の学校におけるキャリア教育・職業教育の在り方について」（中央教育審議会，2011）では，進路指導を「生徒の個人資料，進路情報，啓発的経験及び相談を通じて，生徒が自ら，将来の進路を選択・計画し，就職又は進学をして，更にその後の生活によりよく適応し，能力を伸長するように，教師が組織的・継続的に援助する過程」と定義している。

　進路指導とキャリア教育が目指すものは，一人ひとりが社会でどのように生

きていくかを展望し，その実現のために求められる力を獲得・向上できるよう
支援するという点でほぼ共通している。しかし，進路指導の定義策定時に，そ
の対象には中学生や高校生などの「生徒」以外は含まれず，児童や幼児などを
対象とした実践は想定されていなかったことは踏まえておく必要がある。また，
進路指導の名のもと行われてきた実践の一部は，社会的評価の高い企業の就職
試験や上級学校の入試を突破させることを目的とした，いわゆる「出口指導」
となるなど，進路指導の本来の理念を反映してこなかった。よって，進路指導
を本来あるべき姿にするための新たな「看板」として「キャリア教育の推進」
が提唱されたという経緯にも留意しておくべきであろう（藤田，2014，2018）。

(3) キャリア教育が求められる背景―「つくりあげる」キャリアへ

　前述の中央教育審議会答申の序章・冒頭部分では，若者が直面している2つ
の大きな困難が指摘されている（中央教育審議会，2011）。

　①「**学校から社会・職業の移行**」**が円滑に行われない**：かつてのいわゆる「普
通でまっすぐ」な進路をたどる若者は，もはや多数派ではない。児美川（2013）
は，100人の高校入学者がいると仮定して，いずれかの教育機関を卒業して新
卒就職をし，少なくとも3年間就業継続する者（これをかつての「普通でまっ
すぐな進路をたどる者」と仮定している）がどれくらいになるかを，文部科学
省の学校基本調査と厚生労働省の新規学校卒業者の就職離職状況調査をもとに
推計した。その結果，上の条件を満たす者は41人と全体の半数未満であり，
大学院等に進学した6名を入れても47名と，過半数に達しなかった。このよ
うに，一度進路を決めても壁にぶつかったりやり直しを余儀なくされたりする
若者が多くいるのが，今の社会なのである。

　②「**社会的・職業的自立**」**に向けて，様々な課題が見受けられる**：日本の中
学生・高校生は，学校での学習と自分の将来とのつながりを見出しにくいこと
が，世界規模の学力調査から示されている。2007（平成19）年の TIMSS（Trends
in International Mathematics and Science Study：国際数学・理科教育動向調
査）や PISA（Programme for International Student Assessment：OECD が
実施する学習到達度調査）の数学的リテラシー（2003年），科学的リテラシー
（2006年）における結果をみると，日本の中学生・高校生は，成績は良好だが

表 5-3　PISA2018「人生の意義」に関する 3 項目の質問に対する肯定的回答率

（OECD（2019），藤田（2020）をもとに筆者が作成）

	(1) 自分の人生には明確な意義や目的がある	(2) 自分の人生に満足のいく意義を見つけた	(3) 自分の人生に意味を与えるのは何かはっきりわかっている
上位 3 か国			
メキシコ	86%	81%	83%
コロンビア	88%	80%	83%
スイス	73%	71%	71%
OECD 平均	68%	62%	66%
下位 3 か国			
チェコ	59%	52%	57%
イギリス	57%	52%	58%
日本	56%	41%	40%

（注）回答カテゴリは「全くそう思わない，そう思わない，そう思う，強くそう思う」の 4 件法。
　　　肯定的回答は「そう思う，強くそう思う」の 2 つを集約したもの。

　学校での学習の楽しさや有用性，および，将来の仕事とのつながりを肯定する割合は低く，調査国・地域の中で最底辺に位置していた（国立教育政策研究所生徒指導研究センター，2010）。また，PISA2018 は将来を悲観的にとらえる日本の高校生の姿を浮き彫りにしている。PISA2018 で「人生の意義」に関する 3 項目の質問に回答を求めたところ，日本の高校生の回答は調査国・地域の中でもっとも否定的であった（表 5-3）。もちろん，この結果を教育のあり方に直結させるのは早計である。しかし，現代日本の高校生が人生に対して方向性や意義を見出しにくい状況にあることは明らかである（藤田，2019，2020；OECD, 2019）。

　これらの困難は，経済のグローバル化や ICT 技術の進展などにより，社会が流動化し，長期的な将来を見通しにくくなったために生じている。困難への支援にあたっては，様々な関係機関が連携して取り組むことが必要であり，その中で学校教育が果たす役割は重要である。では，学校が担うキャリア教育は何を目指していけばよいのだろうか。その答の 1 つが，キャリアをある一時点で「決める」だけでなく「つくりあげる」という考え方である（安達・下村，2013；藤田，2018）。つまり，今，何をやるかという当面の目標を決めたら，まずはそれに打ち込む。そして，うまくいかなくなったら，新たな目標を立て方向転換しながら，キャリアをつくりあげていくということである。新学習指

導要領の総則の解説にもあるように，キャリア教育にあたっては，常に将来設計を描き直したり，目標を段階的に修正して，自己実現に向けて努力していくことができるようにすることが重要である（文部科学省，2018a）。

(4) 「つくりあげる」という視点からみるキャリア教育

本章の終わりに，上述の「つくりあげる」という視点から学校段階ごとのキャリア教育について考えてみることとする。

①小学校

小学生のキャリア発達課題の1つとしては「夢や希望，憧れる自己イメージの獲得」が挙げられる（文部科学省，2011）。しかし，従来のキャリア教育実践の一部に対しては，将来の夢を描くことばかりに力点が置かれ，「働くこと」の現実や必要な資質・能力の育成につなげていく指導が軽視されていたのではないかという反省もみられる（文部科学省，2018b）。

実際のところ，小学生が夢として語る希望職業の多くは将来の仕事と直接関連せず，発達とともに変わりゆくものである。宮田（2012）は小学生の希望職業から職業的発達を検討した。その結果，低・中学年までは夢や憧れで多くがプロスポーツ選手（男子）やパン・ケーキ職人（女子）といった職業を選ぶが，高学年では自身や社会状況に対する認知能力が発達し，男子は医師・科学者などの研究的職業，女子は漫画家やデザイナー，歌手などの芸術的職業を選んでいた。ゆえに，夢だからといって小学生に職業を固定的にとらえさせるような指導は慎まなければならない。

そうした発達を踏まえてキャリア教育ができることは，夢によって可能性を広げることであろう。藤田（2014）は，夢としての希望職業の活用を提案している。男子に人気のサッカー選手を例にとると，希望職業に必要とされるスキル（試合中の言語伝達スキル）と学校の学び（国語に代表される言語活動）との関連に気付かせたり，希望職業に関わる多様な仕事（教員，管理栄養士，ユニフォームのデザイナーなど）のネットワークがあることを発見させたりして，視野を広げ現実に沿った形で夢をとらえ直すきっかけを与えるといった働きかけが考えられる。このように，夢をきっかけとして子どもの可能性を広げる取り組みによって「未経験の未来という時間を考える力」をつくりあげることが

できる。

②中学校

　中学生になると，他者の視点で物事を考え，過去や現在の自分をつなげて職業や将来を考えられるようになる。そこで重要なのが職場体験である。実社会の仕事に触れ職場の大人と関わる数日間の体験を通して，それまで抽象的だった「職業」や「将来」について自分なりの理解をつくりあげることが重要となる。職場体験には，体験先の開拓や準備にかける時間など多くのコストをかけているだけに，有意義な行事にしていく必要がある。そのために事前・事後指導がある。ここでは，若松（2011）の例に基づき事後指導を取り上げることとする。

　実際のところ，職場体験先の人や環境は様々であり，生徒が経験するのは必ずしもよい印象が残るものばかりではない。例えば，ホテルで職場体験した生徒が毎日，レストランの大量のグラスを磨く仕事に従事したとする。その生徒は体験の振り返りで「嫌だった」「大変だった」と否定的なことばかり述べるかもしれない。そういったときには事後指導が重要になる。例えば「あなたは嫌だった，大変だったとこぼすけれど，そのあなたの努力がレストランのお客さんに気持ちよく食事をしてもらうことに役立ったはずだよね」といった言葉がけによって，地味で大変な仕事の意義への気付きを促すことができる。あるいは「あなたは1週間で済んだかもしれないけれど，その仕事を毎日やっている人がいるんだよ。そういう仕事もレストランには欠かせないんだよ」などの言葉をかけることで，華やかな仕事の裏方の存在への気付きを促すこともできる（若松，2011）。こうした事後指導によって否定的な体験を別の観点から振り返らせ，新たな意味を見出せるようにしていくことができる。これも「つくりあげる」キャリア教育の1つのあり方といえよう。

③高等学校

　高校生の「つくりあげる」キャリア教育を考えるにあたっては，高校卒業者が高校時代のキャリア教育の取り組みを振り返って評価した，国立教育政策研究所生徒指導・進路指導研究センター（2016，2017）の調査を紹介したい。この調査では，キャリア教育の取り組みを高校生当時に「役立つ」と感じたか，卒業後の今になり「もっと指導してほしかった」と思うかの2つの点から取り

組みの意義を探った。

　その結果，「すぐに役立つ」と感じられる学習内容の 1 つとしては「社会全体のグローバル化（国際化）の動向についての学習」，高校生のときに「取り組んでおきたかった」学習内容としては「就職後の離職・失業など，将来起こりうる人生上の諸リスクへの対応についての学習」および「転職希望者や再就職希望者などへの就職支援の仕組みについての学習」が挙げられていた。

　実は，前者は地理歴史科や公民科といった通常の教科教育で学べる内容であるが，後者の 2 つの学習とともに，将来起こりうる人生上の諸リスクに向けた備えの側面をもつ重要な内容である。すでに述べたように，変化が激しい現代社会においては長期的なキャリア展望をもちづらく，様々なリスクに直面することが予想される。こうしたリスクに対し，生徒が学校で学んでいる間にいかに備え，自らキャリアをつくりあげていけるようにするかは重要な課題の 1 つであるが，その実践は十分になされていないのが現状である（藤田，2018）。

　上述の調査結果は，各学校で日常的に取り組んでいる各教科・科目にも「つくりあげる」キャリア教育の要素がすでにあることを示唆している。よって教師は，現状の教育活動の中からこのような要素を見出し，児童・生徒が学んだ内容を自分のキャリア（今の生活や将来）に意義あるものと受け止められるように指導案を作成し，教材を創意工夫することを求められているのである。

参考文献

安達智子・下村英雄（編著）(2013)．キャリア・コンストラクションワークブック―不確かな時代を生き抜くためのキャリア心理学―　金子書房

American Psychological Association, Division of Counseling Psychology, Committee on Definition (1956). Counseling psychology as a specialty. *American Psychologist, 17,* 282–285.

中央教育審議会（2011）．中央教育審議会答申　今後の学校におけるキャリア教育・職業教育の在り方について　ぎょうせい

藤田晃之（2014）．キャリア教育基礎論―正しい理解と実践のために―　実業之日本社

藤田晃之（編）(2018)．MINERVA はじめて学ぶ教職⑲キャリア教育　ミネルヴァ書房

藤田晃之（2019）．キャリア教育よもやま話　第 51 話　PISA2018 の結果第一報によせて（2019 年 12 月 3 日）　筑波大学キャリア教育学研究室 Retrieved from http://www.human.tsukuba.ac.jp/~tfujita/topics_20191203.html（2021 年 3 月 31 日）

藤田晃之（2020）．キャリア教育よもやま話　第54話　キャリア教育の出番です！（2020年2月1日）筑波大学キャリア教育学研究室 Retrieved from http://www.human.tsukuba.ac.jp/~tfujita/topics_20200201.html（2021年3月31日）

本間友巳・内田利広（編著）（2016）．はじめて学ぶ生徒指導・教育相談　金子書房

石隈利紀（1999）．学校心理学—教師・スクールカウンセラー・保護者のチームによる心理教育的援助サービス　誠信書房

岩本親憲（2004）．1950年代アメリカにおけるガイダンスからカウンセリングへの転換の教育的意義：ギルバート・レンの「パーソナル・ワーク」概念を媒介にして　教育学研究, *71*, 28-39.

国立教育政策研究所生徒指導研究センター（2010）．キャリア教育のススメ—小学校・中学校・高等学校における系統的なキャリア教育の推進のために—　東京書籍

国立教育政策研究所生徒指導・進路指導研究センター（2016）．再分析から見えるキャリア教育の可能性—将来のリスク対応や学習意欲，インターンシップ等を例として—Retrieved from https://www.nier.go.jp/shido/centerhp/27career_shiryou/all.pdf（2021年10月30日）

国立教育政策研究所生徒指導・進路指導研究センター（2017）．キャリア教育リーフレットシリーズ1　高校生の頃にしてほしかったキャリア教育って何？—卒業後に振り返って思うキャリア教育の意義— Retrieved from https://www.nier.go.jp/shido/centerhp/syoukyari/Carrier_series2017_A4_0331.pdf（2021年10月30日）

児美川孝一郎（2013）．キャリア教育のウソ　筑摩書房

厚生労働省職業能力開発局（2002）．「キャリア形成を支援する労働市場政策研究会」報告書「キャリア形成の現状と支援政策の展開」—個人の能力・個性がいきいきと発揮される社会を目指して— Retrieved from https://www.mhlw.go.jp/houdou/2002/07/h0731-3a.html（2021年3月22日）

宮田延実（2012）．小学生の希望職業からみた職業的発達の検討　キャリア教育研究, *30*, 53-60.

文部科学省（2010）．生徒指導提要 Retrieved from https://www.mext.go.jp/a_menu/shotou/seitoshidou/1404008.htm（2021年8月28日）

文部科学省（2011）．小学校キャリア教育の手引き〈改訂版〉　教育出版

文部科学省（2015）．学校における教育相談に関する資料 Retrieved from https://www.mext.go.jp/b_menu/shingi/chousa/shotou/120/gijiroku/__icsFiles/afieldfile/2016/02/12/1366025_07_1.pdf（2021年8月28日）

文部科学省（2017）．中学校学習指導要領（平成29年告示）Retrieved from https://www.mext.go.jp/component/a_menu/education/micro_detail/__icsFiles/afieldfile/2018/05/07/1384661_5_4.pdf（2021年8月28日）

文部科学省（2018a）．中学校学習指導要領（平成29年告示）解説　総則編　東洋館出版社

文部科学省（2018b）．小学校学習指導要領（平成29年告示）解説　総則編　東洋館出版社

文部科学省（2020）．諸外国の教育動向2019年度版　明石書店

文部省（1981）．生徒指導の手引き（改訂版）　文部省

OECD（2019）．PISA 2018 results（Volume III）: What school life means for students' lives, PISA, OECD Publishing, Paris. Retrieved from https : //doi.org/10.1787/acd78 851-en.

坂本昇一（1977）．ガイダンスの哲学的前提に関する研究　風間書房

総務省（2020）．学校における専門スタッフ等の活用に関する調査〈結果に基づく勧告〉 Retrieved from https : //www.soumu.go.jp/menu_news/s-news/hyouka_0205150001 41425.html（2021 年 8 月 28 日）

Super, D. E.（1980）. A life-span, life-space approach to career development. *Journal of Vocational Behavior, 16*, 282-298.

滝　充（2011）．小学校からの生徒指導─「生徒指導提要」を読み進めるために─　国立 教育政策研究所紀要，*140*，301-312.

若松養亮（2011）．キャリア教育への招待─学校心理士が知っておくべきこと─　日本学 校心理士会年報，*3*，23-30.

6 章

保護者・地域住民との連携と教師の役割

1　はじめに

　教師はいかにして児童生徒をはじめ，保護者や地域住民の信頼を得られるようになるのだろうか。保護者や地域住民と何を目指し，どのようにして信頼関係を築いていけばよいのだろうか。特に教職志望の学生は，保護者への対応に不安を抱くかもしれない。筆者は，公立中学校の学校運営協議会の委員を務めている。本章では自身の経験を踏まえ，なぜ教師が保護者・地域住民と連携していくことが重要なのか，またどのような連携が求められているのかについて概観する。

2　保護者との連携

(1) 保護者が学校に望むこと

　2017 年～2018 年に実施されたベネッセ教育総合研究所の「学校教育に対する保護者の意識調査 2018」では，全国の公立の小学 2 年生，5 年生，中学 2 年生をもつ保護者を対象に「学校に望むこと」をたずねている。図 6-1 は，2004（平成 16）年からの経年比較を表す。「子どもの学校での様子を保護者に伝える」，「保護者が気軽に質問したり相談したりできるようにする」，「学校の教育方針を保護者に伝える」の 3 項目を学校に望む保護者の比率が高い。保護者は，家庭とは異なる環境で，わが子がどのような教育方針のもとで，どのように学び友人関係などを築いているのかを知り，保護者自身が子育てや子どもの学習

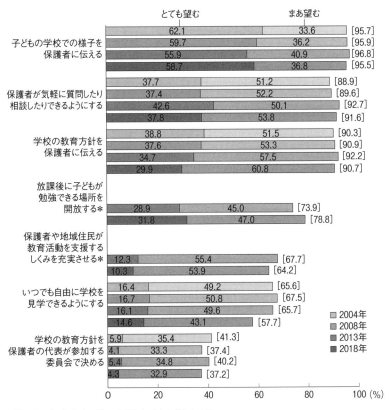

（注1）　［　］内は，「とても望む」+「まあ望む」の％。
（注2）　＊は2004年，2008年にたずねていない。

図6-1　学校に望むこと（全体・経年比較）（ベネッセ教育総合研究所，2018）

に関する悩みや心配ごとを学校に気軽に相談できる機会をもちたいと望んでいるといえる。

(2) 保護者への対応―教師と保護者の良好な関係を築くために

　学校に対する保護者からのクレームが社会問題化したのは，1990年代半ば以降である。2007（平成19）年に向山が提唱した「モンスターペアレント」は，またたく間に世間一般に広がり，「モンスターペアレント」と称される一部の保護者と教師との対立が，マスメディア等で盛んに取り上げられるように

なった。しかし，保護者を「モンスター」と称することに関して否定的な見方
もある（小野田，2008，2015）。問題の解決には保護者の要求の背後に何があ
るのかを丁寧に理解し，当事者が対象問題についてともに考え，双方向的な信
頼関係を築くことが重要である。教師が子どもを理解し，教育目標を達成する
ためには，保護者は欠かせないパートナーであり，協力者なのである。

　学校は保護者に対して，学校としての論理に基づく整合性から，理屈で説明
しようとする。だが，保護者は親としての思いで行動するため，両者の間のズ
レからトラブルが生じやすい（小野田，2013）。現代は，保護者の置かれた社
会的環境やニーズが多様化している。それぞれの保護者の立場を理解し，互い
の役割を理解し合いながら，協働関係を構築するためのコミュニケーションが
大切となる。わが子を見守ってくれ，良い面を評価してくれる教師に対して悪
い評価をする保護者はいないだろう。子どものより良い成長を願いながら，と
もに考えていく姿勢を伝えることで，保護者の安心感や教師に対する信頼感が
生まれていく。近年では，保護者対応に関するトラブルだけでなく，「部活動
や運動会の音がうるさい」，「学校の照明が明るすぎる」など，学校という施設
をめぐっての苦情も指摘されるが，ふだんから顔の見える関係をつくり，学校
側ができるだけ相手とのつながりを保っておくことが，こうした近隣トラブル
を回避することにつながる（小野田，2017）。

　他方で，保護者の無理な要求に対しては，学校でできないことを見定め，無
理なことを相手に伝えることも必要である（小野田，2013）。また，粘り強く
話し合いを続けても解決が困難な事案の背景には，親自身が葛藤を抱えていた
り，目の前の出来事以外に，親が何らかのストレス状況下にいたりするために，
親の攻撃が目の前にいる教職員に向かう場合などがある。学校だけでは解決が
困難な場合には，外部の専門家と協力・連携して対応することも求められる。

　いずれにしても，教師はふだんから積極的に保護者と良い関係を作っておく
ように心がけなければならない。担任教師が保護者に直接会える機会としては，
学校が開く保護者会があるが，その他にも，学級経営方針や学級の様子を学級
通信で保護者に伝えたり，連絡帳を活用したりすることは，家庭との有効なコ
ミュニケーション手段となる。一方で，以前は行われていた小中学校の担任に
よる家庭訪問は，縮小傾向にある。現在は家庭の玄関先に 10 分ほど訪問した

り，保護者が来校する保護者面談に切り替えたりしている。これらの機会を利
用して，学校や学級での具体的な出来事を交えて，子どもたちの姿を積極的に
伝え，教育方針を説明することで，保護者との関係がより良いものになり，教
育効果が高まる。すると，家庭とは異なる教育環境で，子どもがどのように過
ごし，学んでいるのかを知りたいという図 6-1 に示されたような保護者の望み
に沿うことにもなる。

(3) PTA とは

　保護者の学校参加には，地域での安全パトロール活動や，授業や部活動への
関わりなどいくつかの形態がある。その中でも PTA は大きな存在である。PTA
をめぐっては様々な問題が指摘され，新年度の「役員決め」などは，保護者を
悩ませる厄介な活動として認識している保護者も少なくない。ここでは，PTA
とは本来どのような団体なのか，その目的や組織を概観する。

　PTA は Parent-Teacher Association の略称であり，社会教育関係団体の 1
つである。日本における PTA は，民主主義教育推進を背景に，GHQ（連合国
軍総司令部）と文部省が設置を推奨し，1947（昭和 22）年に PTA 結成の手引
き書である『父母と先生の会—教育民主化の手引—』[1]が都道府県に配布され
たことに始まる。PTA の目的は，PTA の会員である保護者と教師が協力して，
子どもの幸福と健全な成長を図ることにある。会員相互が学び合い教養を高め
る活動を行い，より良い保護者・教師になるように務めることにより，家庭・
学校・地域の環境もより良いものにしていく。こうした目的は，保護者と教師
が対等な立場で意見を交換し，家庭と学校と地域社会が連携することによって
達成される（川端，2008）。

　PTA は学校単位で組織され，PTA への加入は任意である。PTA の会員で
ある保護者や教師は会費を支払っており，PTA 予算からは，部活動や行事費
などが支出されている。PTA をめぐる問題は保護者に焦点が当てられること
が多いが，会員には教職員も含まれることを認識しておきたい。教師も PTA
の行事に参加したり，会費の支払いを求められたりしているのである。PTA
への強制入会や行事への参加，会費の支払いなどの問題は保護者だけでなく，
教職員の側でも同様に発生する問題である。

　川端（2008）は，PTA のあり方をめぐって，PTA を強制するのではなく，自発的な組織であることを自覚できるような枠組みを作りだすよう提案している。そこでは，保護者と教師が協力して子どもたちの幸福を実現するために，能動的に参加し，ともに成長していくような組織が考えられている。PTA は保護者の意見を学校側に表明できる場でもある。PTA という組織のあり方や活動内容を振り返り，保護者と教師の両者にとって，どのような組織のあり方が望ましいのかを考えていかなければならないだろう。

3　地域との連携

(1) 開かれた学校

　学校が地域社会の中にあることを考えれば，保護者からの理解だけでなく，学校教育に対する地域社会からの理解と協力が欠かせない。従来，学校は地域に対して閉鎖的な存在であった。しかし，1980 年代になると，校内暴力やいじめの社会問題化に伴って，学校だけでは対応しきれないケースが増加した。また，学校の閉鎖性も指摘されることで，地域社会との連携などが求められるようになった。そのため，1980 年代の後半以降，「開かれた学校づくり」が学校改革の中心的課題となってきた。学校施設を地域社会に開放するという狭い意味を超えて，学校が保護者や地域とともに連携，協力し合い，子どもたちを育てていくという視点に立ち，学校づくりを進めていくことが求められている。

　それでは，地域に開かれた学校づくりを推進していくためには，どのような点に留意すべきだろうか。まず，学校運営に関する保護者や地域住民の意向を，学校や教育委員会が的確に把握していく必要がある。その趣旨に沿い，1998（平成 10）年の中央教育審議会答申「今後の地方教育行政の在り方について」では学校評議員制度が提案され，2000（平成 12）年の学校教育法施行規則の改正により学校評議員制度が導入された。学校・家庭・地域が連携協力しながら一体となって子どもたちの健やかな成長を担い，地域に開かれた学校づくりをより一層推進する観点から，「学校教育法施行規則」49 条において，設置者の判断により，学校評議員を学校に置くことができるとされた。この時点では，すべての学校に置くということではなく，教育委員会が必要と認めた学校にだ

け置くことができた。学校評議員は，校長の求めに応じ，学校運営に関して意
見を述べることができるが，あくまでも，学校経営の責任者は校長であり，校
長が自ら判断した必要な項目についてのみ，意見を述べることができる。しか
し，学校評議員は，当初のねらいどおりに運用されていない実態も指摘され
る[2]。

　その後，2003（平成 15）年の中央教育審議会答申「今後の学校の管理運営
の在り方について（中間報告）」で，わが国の公立学校教育に対する「硬直的
で画一的であり，変化に対応する柔軟性や多様性に乏しい」「閉鎖性が強く，
地域の一員としての意識や地域社会との連携を欠きがちである」といった批判
を踏まえ，「保護者や地域住民が一定の権限を持って運営に参画する新しいタ
イプの公立学校」の導入が提案された。さらに，最近では，学校，保護者，地
域社会が一体となり，「子どもたちの将来のため」という意識のもと，共通の
目的のために協力し合う，「新しい公共」を実現する「新しい公共」型学校を
目指して，コミュニティ・スクールの整備が進められている。

　2021（令和 3）年の中央教育審議会「「令和の日本型学校教育」の構築を目
指して―全ての子供たちの可能性を引き出す，個別最適な学びと，協働的な学
びの実現―（答申）」では，学校は，同じ背景，経験，知識・技能をもった均
一な集団ではなく，より多様な人材との連携を強化し，当該人材を組織内に取
り入れることが望ましいとしている。変化していく学校や社会のニーズに対応
していくためには，学校が多様性と柔軟性を備えた組織となっていくことが求
められている。

4　コミュニティ・スクール

　近年，コミュニティ・スクールという名称についてはよく聞かれるように
なったが，その仕組みについてはあまり理解されておらず，思い込みから面倒
なものとして警戒されることもある。制度を正しく理解し，教師に期待される
役割について考えていくことが大切である。そこで本節では，コミュニティ・
スクールの理解を通じて，その仕組みのもとで学校・保護者，地域住民がどの
ように連携していけばよいのかを概観する。

　2004（平成16）年に「地方教育行政の組織及び運営に関する法律」が改訂され，教育委員会が指定する学校に「学校運営協議会」を置くことができるようになった。学校運営協議会が設置されている学校は「地域運営学校」と呼ばれる。「地域運営学校」がコミュニティ・スクールである。東京都内で最初にコミュニティ・スクールの指定を受けた東京都足立区の五反野小学校では，すでに2002（平成14）年から国のモデル校として実践研究が始まっていた（佐藤，2019）。同校は公立学校初の「学校理事会」を設置し，これが学校運営協議会のモデルになっている。学校運営協議会制度は，学校評議員制度による学校と地域の連携をさらに推進し，地域の力を学校運営に直接生かしていくための制度である。

　学校運営協議会は保護者や地域住民などから構成され，合議体の組織となっている。2015（平成27）年12月の中央教育審議会答申「新しい時代の教育や地方創生の実現に向けた学校と地域の連携・協働の在り方と今後の推進方策について」は，「今後，各地方公共団体は，全ての学校がコミュニティ・スクールとなることを目指し，一層の拡大・充実が必要との認識に立って，積極的な姿勢で取組を推進していくことが求められる」と，今後も学校と地域が連携してコミュニティ・スクールを増やしていく方針を打ち出している。この答申を踏まえ，2017（平成29）年に「地方教育行政の組織及び運営に関する法律」が一部改正され，「学校運営協議会を置くことができる」という規定から，「置くように努めなければならない」となった。つまり，今まで任意だった学校運営協議会の設置に関して，教育委員会が所管学校に設置するよう努力義務化されたのである。

(1) コミュニティ・スクールの導入状況

　コミュニティ・スクールの導入状況について，全国の公立学校（幼稚園・小学校・中学校・義務教育学校・高等学校・中等教育学校・特別支援学校）におけるコミュニティ・スクールの数は，2019（令和元）年には7,601校だったが，2020（令和2）年7月時点では2,187校増加し，9,788校となっている。これは，全国の学校の27.2％にあたる。特に高等学校，特別支援学校で増加している。また，コミュニティ・スクールを導入している公立学校設置者数は，29道府

県 850 市区町村となっている。

(2)　学校運営協議会の役割

　では，学校運営協議会とはどのような役割をもっているのだろうか。学校運営協議会は，「地方教育行政の組織及び運営に関する法律」47 条の 5 に基づいて，次の 3 つの権利をもつ。

　①校長が作成する学校運営の基本方針を承認すること。

　②学校運営について，教育委員会や校長に意見を述べることができること。

　③教職員の任用に関して，教育委員会規則に定める事項について，教育委員会に意見を述べることができること。

　①は義務規定であり，学校は学校運営協議会に教育課程を提示し，検討のうえで承認を得る必要がある。保護者や地域住民は教育の専門家ではないが，互いに当事者意識をもって検討することで，学校運営に関するビジョンが共有され，保護者や地域住民の意見が教育課程に反映されていくことが重要である。

　②と③の役割は「できる」となっているように，必須ではなく選択的なものである。教育課程の編成以外に対象となる承認事項には，例えば，施設管理，組織編成，施設・設備等の整備，予算執行等に関する事項が挙げられている。学校運営協議会は，こうした事柄について検討した内容を，②の役割から，校長だけでなく教育委員会に対しても意見を述べることができる。さらに，③にあるように，学校運営協議会は教職員の任用・配置についても任命権者に対して意見を述べることができる。このように，②と③については，例えば，「子どもたちの安全のために照明をもっと明るくしたい」，「降雨時に校庭に大きな水たまりができるので補修をしたい」，「○○について予算がほしい」，「若手教職員の人材を育成するために，学年主任を担当できる教員を配置してほしい」，「陸上部（特定の部活）を指導できる教員を配置してほしい」などの要望を教育委員会に提出することもできる。必ずしもこれらの要求が通るわけではないが，保護者や地域住民の後押しが得られることになり，意見交換を通して学校が気付かなかった課題を発見することができる。こうした役割については，特定の委員個人の意見によって，学校運営が混乱することが危惧されることがあるが，学校運営協議会は個人の意見を尊重するのではなく，合議体としての意

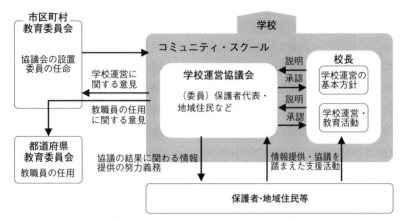

図6-2　コミュニティ・スクールのイメージ
（文部科学省 HP「コミュニティ・スクール（学校運営協議会制度）」を参考に作成）

見を述べる点が重要である。図6-2にはこれらの役割を踏まえたコミュニティ・スクールのイメージが描かれている。佐藤（2019）は図の中で，学校・家庭・地域を結ぶハブ（hub）としての学校運営協議会の役割を強調している。

　コミュニティ・スクールのあり方や活動内容は自治体や学校によって異なるが，筆者が委員をしている東京都公立中学校の学校運営協議会の様子を紹介しよう。学校運営協議会では，毎月会議を開催し，これまで挙げた役割の他に，当該学校の教育に関する保護者対象のアンケートを作成して実施し，保護者や生徒との懇談会，教師との懇談会などを行っている。それらの活動は学校運営協議会だよりに掲載し，保護者や地域に配布している。学校運営協議会の存在は保護者や地域住民に知られているが，その役割や活動内容までは知られていないことが多いため，学校運営協議会から地域や保護者に向けて，積極的に情報を発信し周知すると，協力も得られやすくなる。

　通常開催される学校運営協議会に，協議会の校務分掌を担当していない教職員が関わる機会は，それほど多くないかもしれない。だからこそ教師は，コミュニティ・スクールの制度と実態を十分に理解しておくことが必要である。さらに，上の例で紹介したような学校運営協議会委員との懇談会や通常の会議にも出席し，教育活動の現状や課題，教師自らの思いなどを率直に話し合い，連携していく姿勢が望まれる。互いに理解することで，信頼が生まれ，お互いの力

を活用して学校における教育活動がより豊かで広がりをもつものとなろう。

5　「地域とともにある学校」へ

(1) 地域とともにある学校への転換

2015（平成27）年の中央教育審議会「新しい時代の教育や地方創生の実現に向けた学校と地域の連携・協働の在り方と今後の推進方策について（答申）」では，学校と地域がパートナーとして相互に連携・協働し，社会総掛かりでの教育の実現を図る必要があることが示された。そして，これからの学校と地域の目指すべき連携・協働の姿として「地域とともにある学校への転換」，「子供も大人も学び合い育ち合う教育体制の構築」，「学校を核とした地域づくりの推進」を挙げている。学校は，開かれた学校から一歩踏み込んで，地域の人々と目標やビジョンを共有し，地域と一体となって子どもたちを育む「地域とともにある学校」に転換することが求められる。地域の人々による放課後や土曜日を利用した学習支援，部活動の支援，家庭教育の支援など様々な取り組みが進められる。

2021（令和3）年の中央教育審議会「『令和の日本型学校教育』の構築を目指して―全ての子供たちの可能性を引き出す，個別最適な学びと，協働的な学びの実現―（答申）」において，学校・家庭・地域がそれぞれの役割と責任を果たし，相互に連携・協働することで実現する，社会とつながる協働的な学びが提起されている。学校は多様な知識・経験をもつ人材との連携を図り，子どもたちの学びと社会をつなげ，「社会に開かれた教育課程」を実現することが求められている（4章も参照）。

(2) 社会に開かれた教育課程の実現

2017（平成29）年告示の学習指導要領では，「社会に開かれた教育課程」の実現が重視され，その理念は前文において次のように記される。

「教育課程を通して，これからの時代に求められる教育を実現していくためには，よりよい学校教育を通してよりよい社会を創るという理念を学校と社会とが共有し，それぞれの学校において，必要な学習内容をどのように学び，ど

のような資質・能力を身に付けられるようにするのかを教育課程において明確
にしながら，社会との連携及び協働によりその実現を図っていくという，社会
に開かれた教育課程の実現が重要となる」(平成29年告示中学校学習指導要領)

　この理念に基づいて，各学校は，児童生徒や地域の実態に応じた目指すべき
教育のあり方を，家庭や地域とのつながりの中で実現していくことが求められ
ている。先に説明したコミュニティ・スクールは，地域学校協働活動とともに，
地域と学校の連携・協働を推進する制度として期待されている。地域学校協働
活動とは，「学校を核とした地域づくり」を目指して，保護者，学生，民間企
業など，幅広い地域住民等が参画する学校と地域が連携・協働して行う様々な
活動を指す。教師は，地域や社会，世界に目を向けて教育課程を編成し，地域
の人的・物的資源を活用するなど，地域や社会と連携を図りながら，開かれた
学校教育を展開していくことが必要とされる。例えば，地域住民がゲストティー
チャーとして授業に参加したり，地元企業などで生徒が職場体験をしたり，防
災授業を地域と協働して作り上げたりするなど，開かれた教育課程のもとで学
校の教育力が高まっていく。

　多様な人々が学校の教育活動に参画する中，保護者や地域住民は教師のサ
ポーター，あるいはボランティアであるというとらえ方が，教師，保護者・地
域住民の双方にもたれている場合は少なくない。しかし，学校と保護者や地域
住民はパートナーであり，対等な立場のもとで連携・協働していく相手として
の意識をもつことが大事である。教師は地域や家庭の教育力を学校の教育活動
に生かし，学校と地域がともに活性化していくように，保護者や地域住民との
関係のあり方について考えていく姿勢をもち続けることが重要である。

　一方で，「社会に開かれた教育課程」を実現していくにあたり，伊東（2018）
は，これまでには考えられなかった内容の業務が発生することが，さらなる教
員の多忙化を招くことを懸念し，学校の業務のスリム化が特に重要であると述
べている。家庭や地域でなすべきことが学校に委ねられることが教師の負担を
拡大させていることを指摘し，家庭や地域社会と連携した協働的な学びを提起
する「令和の日本型学校教育」において，結果として，教師が子どもに向き合
う時間を奪ってしまうことにならないだろうか。新しい時代の学校教育の姿に
照らし合わせて，そこで生じうる教師の負担を十分に検討していく時間は必要

であろう。伊東が指摘するように，各学校が社会との連携・協働を通して教育課程を編成することにおいて，学校だけが責任を負わされることがないようしなければならない。

注

(1)　文部省より作成されたこの手引や，その翌年作成された「父母と先生の会」参考規約が全国に配布され，PTA（父母と先生の会）の結成が促進された。PTA は，その後急速に普及していくが，その背景には，戦前の父兄会，学校後援会などが性格を改めずに組織替えするなどのことがあり，PTA の理念と現実とのギャップは将来に問題を残すことになった（文部省，1981）。

(2)　学校評議員については，「会合開催数が少なく，学校評議員が学校の実態を十分に把握しておらず，議論が活発化しない」「建設的な意見がなく，形式的で学校が一方的に報告する会議となっている」など，実質的な形骸化等について指摘がある（文部科学省，2015）。

参考文献

ベネッセ教育総合研究所（2018）．ベネッセ教育総合研究所・朝日新聞社共同調査　学校教育に対する保護者の意識調査 2018 Retrieved from https://berd.benesse.jp/up_images/textarea/Hogosya_2018_04.pdf（2021 年 10 月 31 日）

中央教育審議会（2003）．今後の学校の管理運営の在り方について（中間報告）（平成 15年 12 月 16 日）Retrieved from https://www.mext.go.jp/b_menu/shingi/chukyo/chukyo0/toushin/__icsFiles/afieldfile/2019/07/10/1212669_001.pdf（2021 年 10 月 31日）

中央教育審議会（2013）．今後の地方教育行政の在り方について（答申）（平成 25 年 12月 13 日）Retrieved from https://www.mext.go.jp/component/b_menu/shingi/toushin/__icsFiles/afieldfile/2013/12/18/1342455_1.pdf（2021 年 10 月 31 日）

中央教育審議会(2015)．新しい時代の教育や地方創生の実現に向けた学校と地域の連携・協働の在り方と今後の推進方策について（答申）（平成 27 年 12 月 21 日）Retrieved from https://www.mext.go.jp/b_menu/shingi/chukyo/chukyo0/toushin/__icsFiles/afieldfile/2016/01/05/1365791_1.pdf（2021 年 10 月 31 日）

中央教育審議会（2021）．「令和の日本型学校教育」の構築を目指して～全ての子供たちの可能性を引き出す，個別最適な学びと，協働的な学びの実現～（答申）（令和 3 年1 月 26 日）Retrieved from https://www.mext.go.jp/content/20210126-mxt_syoto02-000012321_2-4.pdf（2021 年 10 月 31 日）

伊東　哲（2018）．「社会に開かれた教育課程」の実現に向けた校長・副校長・教頭の役割　貝ノ瀬滋（監修）「社会に開かれた教育課程」を実現する：具体化のためのテーマ別実践事例 15（pp. 16-19）学事出版

川端裕人（2008）．PTA 再活用論―悩ましき現実を超えて　中央公論新社

宮原誠一（1990）．PTA 入門（現代教育 101 選）　国土社

文部科学省（2015）．コミュニティ・スクールを核とした地域とともにある学校づくりの一層の推進に向けて「コミュニティ・スクールの推進等に関する調査研究協力者会議」報告書 Retrieved from https：//www.mext.go.jp/component/b_menu/shingi/toushin/__icsFiles/afieldfile/2015/03/20/1356133_1_3.pdf（2021 年 10 月 31 日）

文部科学省（2017）．中学校学習指導要領（平成 29 年告示）

文部科学省（2018）．高等学校学習指導要領（平成 30 年告示）

文部科学省（2020）．令和 2 年度地域と学校の連携・協働体制の実施・導入状況（参考）Retrieved from https：//manabi-mirai.mext.go.jp/upload/2020jisshityousa_sannkou.pdf（2021 年 10 月 31 日）

文部省（1981）．三　社会教育関係団体の再編成　学制百年史 Retrieved from https：//www.mext.go.jp/b_menu/hakusho/html/others/detail/1317782.htm（2021 年 10 月 31 日）

向山洋一（2007）．教室ツーウェイ（2007 年 8 月号）　明治図書

小野田正利（2008）．親はモンスターじゃない！　学事出版

小野田正利（2013）．普通の教師が"普通に"生きる学校　時事通信社

小野田正利（2015）．それでも親はモンスターじゃない！　学事出版

小野田正利（2017）．「迷惑施設」としての学校　時事通信社

佐藤晴雄（2019）．コミュニティ・スクール　増補改訂版　エイデル研究所

関根眞一（2015）．なぜあの保護者は土下座させたいのか　教育開発研究所

7 章

教職と ICT

1 はじめに

　この章では，学習指導要領の改訂に伴い導入されるプログラミング教育の基本的な視点や，社会の要請による Society 5.0 や GIGA スクール構想，さらに遠隔・オンライン教育など，教員として身に付けておいてほしい ICT（情報通信技術）関連の概要や背景を解説する。

2 教育の情報化と ICT 活用

　生活のあらゆる場面や経済，世界各国で情報化が進展する中で，教育現場でも ICT の活用を含め，さらなる情報化が求められている（9，11 章も参照）。特に With コロナ時代の初等中等教育について，教育再生実行会議（2021（令和 3）年 6 月）は「ポストコロナ期における新たな学び」として，「ニューノーマルにおける新たな学びに向けて—データ駆動型の教育への転換—」を提言し，ひとり 1 台端末の本格運用（本章 5 節を参照）やデータ駆動型の教育への転換による学びの変革等を提言した。

　これを受けて日本経済団体連合会（経団連）は，「Society 5.0 に向けて求められる第一次提言—with コロナ時代の教育に求められる取組み—」（2020（令和 2）年 7 月）において，日本のデジタル化は「教育分野では諸外国と比べて周回遅れの状況」と指摘した。さらに経団連は「Society 5.0 に向けて求められる初等中等教育改革　第二次提言」（2020（令和 2）年 11 月）において，高

等学校教育改革を掲げた（4, 13章も参照）。

　経済界が教育政策を主導する形で，文部科学省が加速度的に推し進める教育
の情報化は「教育の情報化の手引き―追補版　第1章」（文部科学省，2020d）
によると，次の3つの側面からなる。

　①情報教育：子供たちの情報活用能力の育成

　②教科指導における ICT 活用

　③校務の情報化

　さらに，これらの教育の情報化の実現を支える基盤として，次の3点が重要
である。

　①教師の ICT 活用指導力等の向上

　②学校の ICT 環境の整備

　③教育情報セキュリティの確保

　今後教職を目指す学生には，今まで以上に教育の情報化のための ICT を活
用した指導力が重要とされる。例えば児童生徒の情報活用能力育成の指導や，
児童生徒が生涯を通じて変化の大きい社会情勢でも学び続けるように「主体
的・対話的で深い学び」，すなわち見通しを持って粘り強く取り組む，学習活
動を振り返って次につなげる，子ども同士や教員，地域の人や先哲の考え方な
どから考えを広げ深める，情報を精査して考えを形成する，問題を見出して解
決策を考えたり，思いや考えをもとに創造したりすることに向かう（文部科学
省，2017 より抜粋）などの視点から授業改善していく力が求められる。

　ICT 活用の1つの目安として，文部科学省は 2018（平成 30）年に，「教員
の ICT 活用指導力チェックリスト」（文部科学省，2018a）を改訂し，活用能
力の向上を図っている。教員採用の1つの目安とも考えられるので，教育職員
免許状を取得するまでにはすべての項目を「できる」ようにしておきたい。

3　学習指導要領の改訂と ICT―プログラミング教育とは

　初等中等教育の学習指導要領は，社会の進展や国際的な教育調査（OECD,
PISA, TIMSS 等）の結果を踏まえ，約 10 年ごとに大きく改訂されてきた。

　2020（令和 2）年度より施行されている学習指導要領（平成 29・30 年告示）

には，小中高共通でICTを活用して教育を行うよう明記されている。小中高のICT活用に関する教育内容を，施行年別に図7-1にまとめる。

　ここで記されているプログラミング教育とは，日常生活で生じた問題に対して，論理的に複数の解決手段のステップ（動きに対応した記号）を積み重ねていく思考（プログラミング的思考）により問題の解決を図る経験である（図7-2）。したがって，厳密にプログラミング言語の文法を覚えて正確にコーディングできること，あるいはプログラミングの技能を習得することを目的として

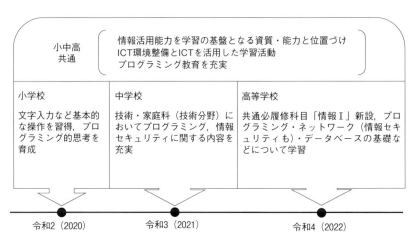

図7-1　**新学習指導要領と教育課程別のICT活用**（文部科学省，2019より筆者作成）

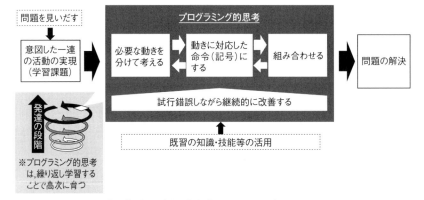

図7-2　**プログラミング的思考を働かせるイメージ**（文部科学省，2020i）

いないことに留意すべきである。

4　Society 5.0 社会における ICT （4，13章も参照）

　Society 5.0 とは，内閣府（2016）の政策として提唱された，IoT・ロボット・人工知能（AI）・ビッグデータなどの「先端技術をあらゆる産業や社会生活に取り入れて，経済発展と社会的課題の解決を両立」する，「人間中心の社会」（Society）であり，「狩猟社会（Society 1.0），農耕社会（Society 2.0），工業社会（Society 3.0），情報社会（Society 4.0）に続く，新たな社会」である。新しい社会を考えることは，その社会において自らの能力を発揮し，自分の可能性を伸ばしていくことができる「生きる力」を育むことにつながる。

　「生きる力」とは，「基礎・基本を確実に身に付け，いかに社会が変化しようと，自ら課題を見つけ，自ら学び，自ら考え，主体的に判断し，行動し，よりよく問題を解決する資質や能力，自らを律しつつ，他人とともに協調し，他人を思いやる心や感動する心などの豊かな人間性，たくましく生きるための健康や体力など」（文部科学省，2008）であり，文部科学省（2016）の中央教育審議会答申では「学校教育が長年その育成を目指してきた，変化の激しい社会を生きるために必要な力」である。例えば，時代の変化とともに新たに生まれ増える職種もあれば，なくなる職業もある。どのような時代にも，柔軟に対応できる能力の基礎を教育現場で育むことが求められる。

　先端技術が教育にもたらすものの一例として，スタディ・ログなどの把握や分析による学習計画や学習コンテンツの提示，スタディ・ログ蓄積によって制度を高めた学習支援（コンテンツ提供，学習環境のマッチング）などが「Society 5.0 に向けた人材育成について」（文部科学省，2018d）に提示されている。

　また，独立行政法人大学入試センター（2021）によると，高校の情報科目は令和7年度（2025年度）より大学入学共通テストに「新たに出題教科として設定される」とある。このように教員も，ICT による新しい時代に柔軟に対応して開拓していく必要がある。

5　GIGA スクール構想（9, 11, 13章も参照）

(1) GIGA スクール構想とは

　文部科学省（2020b）は，これまで1台につき複数人数で使用していたコンピュータを，2023（令和5）年度末までに小中全学年がひとり1台ずつの端末（ノートPC，タブレットなど）として使えるICT環境の抜本的充実を図り，「児童生徒1人1台端末」の実現を目的としている。それとともに，教育に最大限活用できるクラウドと高速大容量の通信ネットワークを整備する予算を整えている。さらに緊急時における家庭でのオンライン学習環境などの整備のため，家庭にモバイルルータと学校側にマイクやカメラの整備の支援，オンライン学習システムの導入を行っている。これらを「GIGA スクール構想」（文部科学省，2020b）として，個別最適化された学び[1]の実現に向け，ハード・ソフト・指導体制一体で，全国各地での取り組みを加速化していく。

(2) GIGA スクール構想の背景と活用

　GIGA スクール構想の背景には，次の教育的課題がある。すなわち，地域間での整備状況の格差が大きい，学校の授業におけるデジタル機器の使用時間は「OECD 生徒の学習到達度調査 2018 年調査」（PISA2018）で加盟国（37か国）中最下位，また宿題や勉強のためにデジタル機器を使う生徒の割合は，OECDの平均より少ないが，チャットやゲームのために使用する生徒は平均よりもかなり多い（文部科学省・国立教育政策研究所，2019）などのわが国特有の課題

図7-3　GIGA スクール構想（文部科学省，2020b）

である。

　これらの課題を解消し，より拡充した ICT 環境を提供するのが GIGA スクール構想である。この構想の活用により，充実すると見込まれる学習の例として，「GIGA スクール構想」（文部科学省，2020b）では調べ学習，表現・制作，遠隔教育，情報モラル教育の 4 つを挙げている。以下，具体的にそれぞれの学習のメリットと課題を挙げる。

a. 調べ学習

　PISA2018 に出題された，情報を探し出す問題では，日本人の生徒の正答率が OECD 平均と比べて低かった。また，情報の質と信ぴょう性を評価し，熟考する問題も正答率が平均値より低かった。理由は，日本の生徒にとって，あまり馴染みのないデジタルテキストなどが使用されたためであると，文部科学省・国立教育政策研究所（2019）は分析している。このため，今後は情報の質と信ぴょう性を意識した調べ学習が大切になってくる。

b. 表現・制作

　これには「推敲しながらの長文の作成や，写真・音声・動画などを用いた多様な資料・作品の制作」（文部科学省，2020b）が挙げられる。

　デジタル機器での作品の制作は，各種の変更や変換，移動や削除などが簡単にできるため，試行錯誤により問題解決を図ることにつながる。

　また同じファイルを複数人で使用することも可能なため，協働作業も容易になる。GIGA スクール構想では校内 LAN の整備も計画されているため，例えば図書館や校庭と一般教室など，離れた場所での協働作業も可能となる。

c. 遠隔教育

　ICT による遠隔教育の詳細については，本章 6 節で後述する。

d. 情報モラル教育

　情報の収集・発信などの機会が増えるため，情報の信ぴょう性や信頼性の判断，また著作権や肖像権などを意識する機会が増えることになる。さらにチャットや掲示板・SNS などを用いた疑似的なネット上のトラブルと，その解決方法を協働作業で模索することも可能となる。

　ａからｄの他にも，「各教科等の指導におけるICTの効果的な活用に関する参考資料」（文部科学省，2020c）に，特別支援教育や特別活動も含めた各科目の事例が提示されており，随時更新されている。これらを参考に実際に手を動かして，実践のイメージをつかんでほしい。

(3) デジタルならではの学びの充実―クラウドと教科書のデジタル化

　GIGAスクール構想により拡充されたクラウドの利用は，個々の児童・生徒の学習の個別化に非常に役に立つ。場所と時間の壁を越えうるからである。

　もし成果物がクラウド上にあれば，災害や機器の故障によるデータや教科書などの損失がない。必要なら他の教員が成果物を閲覧あるいは蓄積できる。また，教員が機器の故障に対応したり，児童生徒のファイルの管理をしたりしていた時間を大幅に短縮できる。

　子どもの学習成果である，作文やレポート，作品，発表等は電子化し，学びのポートフォリオ（e-ポートフォリオ）として，学年を超えて蓄積・活用できる。そのため，在校時や進学する学校，さらに企業などの社会へ向けた，将来の個別最適化された学びのデータにもなる。

　また，クラウドにより場所や時間を問わず，児童生徒が協働作業や知識を簡単に共有できる。教室のどこの席でも，また欠席しても後日作業するなど様々な参加方法があるため，授業への参加意識も高まり，協働作業しやすくなる。

　文字を使うと，対面より気軽に質問できる。また質問や回答を送信する前に内容を吟味したり，文章を推敲したりできるため，対面で発言するよりも気を使わずに記入しやすい。なお，文字入力は，小学校からの入力練習が必須となる。

　さらに，一部で使用され始めたデジタル教科書も，GIGAスクール構想により導入が加速すると思われる。デジタル教科書の利点は，学習用のコンテンツが豊富なことだ。例えば，英語の発音やイントネーションを耳から聞くことができる他，動画や音声など，深い学びにつながるコンテンツが用意されている。また，機械音声での読み上げや拡大表示，配色の変更などが可能で，特別な配慮を必要とする児童生徒等のための工夫もこらしている。教科書会社によりコンテンツに工夫が異なり，会社のサイトで実例を表示しているので，各自で確

認してほしい。

6　遠隔・オンライン教育（13 章も参照）

(1) 遠隔教育と遠隔・オンライン教育とは

　文部科学省は「遠隔教育の推進に向けた施策方針」（文部科学省，2018a）の中で，「遠隔教育」を「遠隔システムを活用した同時双方向型で行う教育」，「遠隔授業」を「遠隔教育のうち，授業等の中で遠隔システムを活用するもの」と定義した。

　すなわち遠隔教育とは，教員と受講生が同じ場所で対面するのではなく，別の場所での授業や，朝礼やホームルーム活動，さらに各種の指導などを遠隔システムで実施する教育の形態である。

　「遠隔教育システム活用ガイドブック　第 3 版」（文部科学省，2020a）では，「厳密に定義された用語ではありません」と記しながらも，オンデマンド型も取り入れた教育に「遠隔・オンライン教育」の用語を使用している。そのため本章でも「遠隔・オンライン教育」の用語を用いることとする。

　遠隔・オンライン教育の利点としては，
　・場所に制約されない，すなわち登校する必要はない
　・時間に制約されない（特にオンデマンドや会議システムの録画資料）
　・一度作った資料を多数の学校や複数年度にまたがって共有できる
などが挙げられる。欠点は，
　・歴史が浅いため理論や方法論の研究結果が少ない
　・受講者側の通信状況や各種機器が整わないと受講できない
　・教員・受講者とも，表情や姿勢などの非言語コミュニケーション情報が乏しい
　・受講者としては他の受講者とのコミュニケーションが乏しい
などであろう。

(2) コロナ禍での遠隔・オンライン教育と With コロナ時代の教育のあり方を 見据えて

遠隔・オンライン教育の必要性が実感されたのは，2020（令和2）年春に全国で新型コロナウイルス感染症対策による臨時休校が広がった時期であった。

文部科学省は，この時期に「新型コロナウイルス感染症対策のための臨時休業等に伴い学校に登校できない児童生徒の学習指導について」（文部科学省，2020f）を配布し対策を示した。家庭学習の分野では，教科書やプリントの他，ICT教材や動画，さらにテレビ会議システムの活用を促し，「学習支援コンテンツポータルサイト（子供の学び応援サイト）」の利用を示唆した。

登校できない間のICTの活用と遠隔・オンライン教育は，文字だけの送受信から始まった学校が多かった。それでも，子どもたちにしてみれば，先生やクラスメイトとつながることができたのは大きな喜びだった。不登校気味の生徒も文字なら参加しやすいようだ，との情報もあった。教員もかなりの不安を抱えながら，双方向のやり取りができることに喜んだ。

十分な準備がないまま開始せざるをえなかった遠隔・オンライン授業は，「新型コロナウイルス感染症の影響を踏まえた公立学校における学習指導等に関する状況について」（文部科学省，2020g）によると，80% 以上の小中高の各学校が，各学校や家庭・児童生徒の実態を踏まえた積極的なICTの活用について課題があると回答した。この時期の経験を教訓として，ICT活用が改善され進められていくことだろう。

Withコロナ時代を見据えて，対面教育でも，遠隔・オンライン教育の経験や各種資料を生かすことができる。例えば教員の説明や手順をその場で録画し，再生できるようにしておけば，児童生徒が自ら再生し学習することが可能である。再生速度を変更できたり，映像の一部分だけを再生できたりするのも録画資料の魅力だ。

遠隔・オンライン教育の利用で，学びの場は学校を離れて大学などの研究機関や職場，さらには海外へと広がることが可能になる。テレビ番組やインターネットのサイトで見た世界に，家庭や学校にいながら双方向で参加し，学ぶことが可能になる。単位互換など，学校の卒業要件にも取り入れられるだろう。

このように，将来は対面と遠隔・オンラインの両方のよい所を活かして，主

体的に，対話的に，深い学びが可能なハイブリッドな教育現場になるだろう。

(3) 遠隔・オンライン教育に必要な教員の資質

　対面教育と遠隔・オンライン教育は，教員側に必要とされる資質にも同異がある。例えば同じ資質としては，クラスのファシリテーション能力，授業を構成し実施する授業力，児童生徒や保護者の話を聞く力などが挙げられる。異なる資質としては，ICT 機器やシステムの基本的知識，ネットを通して児童生徒の反応をつかむ力などであろう。しかし，今までの現場の応用や経験で解決できそうである。

　筆者の大学での遠隔・オンライン教育の経験や，高校の情報科担当教員の会合での意見や情報などから，教員が不安に思う点への対策を考えていく。

①児童生徒の理解度が不安

　→説明が長くなりがちだが，動画は繰り返し視聴できるので短く

　　テレビ番組でも CM や構成の変更が，数分から 10 数分に 1 回は入る。双方向の授業でも同様に，区切りの前後の間に課題を挟んで 1 時限とする。

　→児童生徒の理解度を課題で確認

　　説明後の課題は，子どもの理解に役立つ。質問もここで出てくるだろう。掲示板などによる質疑応答の時間差も考え，課題の提出期限に少し余裕を持たせることも必要である。確認したい内容が多く，課題の量が多くなりがちだが，多すぎないように調整する。

　→いつでも質問できる環境を

　　双方向による質疑応答時間や質疑応答用の掲示板などを用意しておく。子どもたちの意見交換の場も必要である。それにより感想を述べたり子ども同士が質問回答したりする場，さらに協働作業の場となり，対話的な深い学びも期待できる。筆者が大学で行った情報科教育法の授業では，学生同士が文字により質疑応答する掲示板に，例年の授業より多くの質問や回答が書き込まれ，情報の共有に役立った。

②動画は残るため，受講者が完璧にわかるように完全なものを作成

　→対面でも完全な授業は無理

対面授業では，児童生徒の質問や指摘を受けて教員が学ぶことも多い。この点は遠隔・オンライン教育も同じである。子どもたちからの質問や振り返りなど，協働により完成していく授業だと考えるとよいだろう。

→できる範囲で

　教員自身がすべての授業の動画を作成し，双方向の授業を実施する必要はない。著作権に配慮しつつ，既存のコンテンツも利用すべきである。

③方法がわからない

→教員は孤独ではない。教育委員会や校内研修，そして先行事例がある

　教育現場には，自治体や学校単位で統一して使用する機器やシステムがある。そのため，研修も自治体や学校で行うことになる。だから，わからないことは同僚の教員や研修部門に質問できる。

　今後は全世界で，先行事例の報告も増えていくはずである。そのため，様々な事例を踏まえて最適な方法を探すことができるだろう。

(4) 遠隔・オンライン教育のための ICT

　録画できる機器があれば動画を作成できる。動画編集のスキルがなくても，短い時間で動画作成すればよい。撮り直しも簡単になる。作成方法は，YouTubeなどで配信されている。双方向での教育には，Zoom や Google Meet, Microsoft Teams などの双方向会議システムが使われている。また課題提出や資料配布，協働作業には Google Classroom などの LMS (Learning Management System) が使われている。

　機能や使用・設定方法などに違いがあるが，実際には小学生でも使用できるシステムも多い。これらの ICT システムは自治体や学校単位での契約や導入が主になるため，自分が奉職したい自治体や学校での実態を調べておくとよい。

7　色覚異常（色覚特性）とカラーバリアフリー

　ICT 端末ではフルカラーが使えるため，健常な児童生徒とは色覚が異なり，画像の見え方が異なる子どもがいることに注意する必要がある。色覚異常（特性）の子どもは，大体１クラスに１人弱の割合で存在する。最も多い色覚異常は，

赤と緑が茶色に見える，水色とピンクなどの見分けにくい色の組み合わせが存在する，などである。

　教育現場でできる対策には，資料の強調部分に赤を使わず，朱色か赤橙色を使用する，色の名前を言わない，黒板の文字色に赤色を使わないなどがある。

　筆者の大学での授業経験では，学生のICTによる資料作成時に，強調のために赤色を使用した例が多かった。そのため赤色については，より注意が必要であろう。この他の対策は，東京都などの自治体が資料を配布しているので，確認してほしい。

8　ICT活用の実例

(1) 学習場面ごとのICT活用

　学習場面ごとのICTを活用した学習には，以下の①～③がある（文部科学省，2020e より抜粋）。

①一斉学習　大型提示装置や学習者用端末を使用した教材の説明や提示
②個別学習　学習者用端末を使用
　・デジタル教科書や資料の精読や課題遂行，ポートフォリオへの記録
　・情報収集や観察・実験時の静止画や動画記録
　・シミュレーションなどのデジタル教材を使用した試行錯誤
　・マルチメディアを用いた多様な表現や，製作過程の振り返り
　・家庭学習
③協働学習　大型提示装置や学習者用端末を使用
　・学級全体やグループ内の発表や話し合い，デジタルでの意見交換
　・グループ内での意見交換や共有，複数グループの結果の意見整理
　・グループでの資料や作品の分担制作や全体像の把握
　・学校の壁を越えて遠隔地や学校外，海外との意見交換や情報発信

　①～③を基本として，文部科学省（2020e）では小学校・中学校・高等学校の各教科でのICT活用例を記載している。

(2) さらなる ICT 活用を目指して

　端末を使用できない非常時には，BYOD（児童生徒が所有している ICT 機器を学校の授業等で利用する）による教育も考えられる。「ICT を活用した学習に関する情報サイトの紹介」（東京都教育委員会，2021）に実践事例が掲載されている。

　LED ライトやロボットなどをプログラミングにより動かす試みは，以前より学会や学校で発表されている。例えば松田（2020）は，LED ライトを点滅させたりロボットを動かす，ドローンを飛ばしたりするなど，4つの実践事例を掲載している。ロボットについては，コンテストも開催されるなど，複数の学校間での実践も始まっている。文部科学省や総務省が後援しているコンテストもあり，今後も参加校が増えていくと思われる。特別支援学校（病弱）に在籍する児童生徒による「ロボットプログラミング選手権大会」（横浜南養護学校，2021）も，コロナ禍のため遠隔型の全国大会を行った。作成したプログラムを事務局に送信し，事務局でロボットにプログラムを転送する形だが，競技の様子は参加校へ同時配信をしている。

　海外の学校との意見交換や交流も，今後盛んになっていくだろう。実際に複数の学校や自治体の教育委員会も，意見交換の機会を実施あるいは計画している。例えば北海道の複数の高校では，カナダの姉妹州の複数の学校と，コロナ禍で実現しなかった交換留学の代わりに週2回程度の意見交換等を実施している。さらにハワイ州の学校とも意見交換およびインタビューを行っている（北海道教育委員会，2021）。

　このように，個別の学習や協働作業，時間と距離を超えることができる ICT の活用で，児童生徒の学びが深まることがわかる。主体的で対話的な学びとして，自由な討論や調査，実験も増え熱を帯びていくだろう。ICT は自動車と同様，人間社会に欠かせない必須のアイテムである。子どもたちの明るい未来を築くために，ICT の活用をしっかり学んでほしい。

注
(1) 個別最適化された学び（個別最適な学び）とは，教師の「個に応じた指導」により

実現される学びであり，中央教育審議会答申（文部科学省，2021）では，「協働的な学び」とともに，これからの学校での子どもの学びの姿として重要視されている。

　具体的には，ICT を活用し，

- ・「支援の必要な子供により重点的な指導を行う」，「特性や学習進度，学習到達度等に応じ，指導方法・教材や学習時間等の柔軟な提供・設定を行う」などの「指導の個別化」
- ・「興味・関心等に応じ，一人一人に応じた学習活動や学習課題に取り組む機会を提供」することで，「子供自身が学習が最適となるよう調整する」「学習の個性化」（文部科学省，2021）が示されている。

指導事例の収集周知も示唆されているので，これらも参考にしてほしい。

参考文献

独立行政法人大学入試センター（2021）．令和7年度以降の試験に向けた検討について Retrieved from https://www.dnc.ac.jp/kyotsu/shiken_jouhou/r7ikou.html（2022年1月18日）

樋口万太郎・堀田龍也（2020）．やってみよう！　小学校はじめてのオンライン授業　学陽書房

樋口万太郎・堀田龍也（2020）．続やってみよう！　小学校はじめてのオンライン授業　学陽書房

北海道教育委員会（2021）．ICT を活用した海外の学校との交流 Retrieved from https://www.dokyoi.pref.hokkaido.lg.jp/hk/kki/a0008/intl/ictexchange.html（2021年10月27日）

神奈川県（2018）．カラーバリアフリー色使いのガイドライン・サインマニュアル Ver. 2 Retrieved from https://www.pref.kanagawa.jp/documents/28550/signpdf.pdf（2021年10月27日）

神奈川県　教科研究会　情報部会（2021）．Retrieved from http://www.johobukai.net/（2021年10月27日）

教育再生実行会議（2021）．ポストコロナ期における新たな学びの在り方について（第十二次提言）Retrieved from https://www.kantei.go.jp/jp/singi/kyouikusaisei/pdf/dai12_teigen_1.pdf（2021年10月27日）

松田　孝（2020）．学校を変えた最強のプログラミング教育　くもん出版

文部科学省（1997）．21世紀を展望した我が国の教育の在り方について　中央教育審議会第二次答申 Retrieved from https://www.mext.go.jp/b_menu/shingi/chuuou/toushin/970606.htm（2021年10月27日）

文部科学省（2008）．幼稚園，小学校，中学校，高等学校及び特別支援学校の学習指導要領等の改善について（答申）Retrieved from https://www.mext.go.jp/b_menu/shingi/chukyo/chukyo0/toushin/__icsFiles/afieldfile/2009/05/12/1216828_1.pdf（2021年10月27日）

文部科学省（2016）．幼稚園，小学校，中学校，高等学校及び特別支援学校の学習指導要領等の改善及び必要な方策等について（答申）（中教審第197号）Retrieved from https：

//www.mext.go.jp/b_menu/shingi/chukyo/chukyo0/toushin/__icsFiles/afieldfile/
2017/01/10/1380902_0.pdf（2021 年 10 月 27 日）

文部科学省（2017）．新しい学習指導要領の考え方―中央教育審議会における議論から改
訂そして実施へ― Retrieved from https：//www.mext.go.jp/a_menu/shotou/new-cs
/__icsFiles/afieldfile/2017/09/28/1396716_1.pdf（2021 年 10 月 27 日）

文部科学省（2018a）．遠隔教育の推進に向けた施策方針 Retrieved from https：//www.
mext.go.jp/a_menu/shotou/zyouhou/detail/__icsFiles/afieldfile/2018/09/14/1409323
_1_1.pdf（2021 年 10 月 27 日）

文部科学省（2018b）．児童生徒の健康に留意して ICT を活用するためのガイドブック Re-
trieved from https：//www.mext.go.jp/component/a_menu/education/micro_detail/
__icsFiles/afieldfile/2018/08/14/1408183_5.pdf（2021 年 10 月 27 日）

文部科学省（2018c）．教員の ICT 活用指導力チェックリスト Retrieved from https：//
www.mext.go.jp/a_menu/shotou/zyouhou/detail/__icsFiles/afieldfile/2019/05/17/
1416800_001.pdf（2021 年 10 月 27 日）

文部科学省（2018d）．Society 5.0 に向けた人材育成について Retrieved from https：//
www.mext.go.jp/component/a_menu/education/detail/__icsFiles/afieldfile/2018/11/
19/1411060_02_1.pdf（2021 年 10 月 27 日）

文部科学省（2019）．新学習指導要領のポイント Retrieved from https：//www.mext.go.jp
/component/a_menu/education/micro_detail/__icsFiles/afieldfile/2019/05/21/
1416331_001.pdf（2021 年 10 月 27 日）

文部科学省（2020a）．遠隔教育システム活用ガイドブック　第 3 版 Retrieved from https：
//www.mext.go.jp/content/20210601-mxt_jogai01-000010043_002.pdf（2021 年 10 月
27 日）

文部科学省（2020b）．「GIGA スクール構想」について Retrieved from https：//www.mext.
go.jp/kaigisiryo/content/20200706-mxt_syoto01-000008468-22.pdf（2021 年 10 月 27
日）

文部科学省（2020c）．各教科等の指導における ICT の効果的な活用に関する参考資料 Re-
trieved from https：//www.mext.go.jp/a_menu/shotou/zyouhou/mext_00915.html
（2021 年 10 月 27 日）

文部科学省（2020d）．教育の情報化の手引き―追補版　第 1 章　社会的背景の変化と教
育の情報化 Retrieved from https：//www.mext.go.jp/content/20200608-mxt_jogai01
-000003284_002.pdf（2021 年 10 月 27 日）

文部科学省（2020e）．教育の情報化の手引き―追補版　第 4 章　教科等の指導における
ICT の活用 Retrieved from https：//www.mext.go.jp/content/20200701-mxt_jogai01
-000003284_005pdf.pdf（2021 年 10 月 27 日）

文部科学省（2020f）．新型コロナウイルス感染症対策のための臨時休業等に伴い学校に登
校できない児童生徒の学習指導について Retrieved from https：//www.mext.go.jp/
content/20200411-mxt_kouhou01-000004520_1.pdf（2021 年 10 月 27 日）

文部科学省（2020g）．新型コロナウイルス感染症の影響を踏まえた公立学校における学
習指導等に関する状況について Retrieved from https：//www.mext.go.jp/content/

20200717-mxt_kouhou01-000004520_1.pdf（2021 年 10 月 27 日）

文部科学省（2020h）．小中高等学校における ICT を活用した学習の取組事例について Retrieved from https：//www.mext.go.jp/content/20200527-mxt_kouhou01-000004520_4.pdf（2021 年 10 月 27 日）

文部科学省（2020i）．小学校プログラミング教育の手引（第三版）Retrieved from https：//www.mext.go.jp/content/20200218-mxt_jogai02-100003171_002.pdf（2021 年 10 月 27 日）

文部科学省（2020j）．小学校を中心としたプログラミング教育ポータル Retrieved from https：//miraino-manabi.mext.go.jp/（2021 年 10 月 27 日）

文部科学省（2021）．「令和の日本型学校教育」の構築を目指して―全ての子供たちの可能性を引き出す，個別最適な学びと，協働的な学びの実現―（答申）（中教審第 228 号）Retrieved from https：//www.mext.go.jp/content/20210126-mxt_syoto02-000012321_1-4.pdf（2021 年 10 月 27 日）

文部科学省・国立教育政策研究所（2019）．OECD 生徒の学習到達度調査 2018 年調査（PISA2018）のポイント Retrieved from https://www.nier.go.jp/kokusai/pisa/pdf/2018/01_point.pdf（2021 年 10 月 27 日）

内閣府（2016）．Society 5.0 とは Retrieved from https://www8.cao.go.jp/cstp/society5_0/（2021 年 10 月 27 日）

日本経済団体連合会（2020a）．Society 5.0 に向けて求められる初等中等教育改革　第一次提言―with コロナ時代の教育に求められる取組み― Retrieved from https://www.keidanren.or.jp/policy/2020/063.html（2021 年 10 月 27 日）

日本経済団体連合会（2020b）．Society 5.0 に向けて求められる初等中等教育改革　第二次提言―ダイバーシティ＆インクルージョンを重視した初等中等教育の実現― Retrieved from https://www.keidanren.or.jp/policy/2020/110.html（2021 年 10 月 27 日）

政府統計の総合窓口（e-Stat）（2019）．学校における教育の情報化の実態等に関する調査 Retrieved from https://www.e-stat.go.jp/（2021 年 10 月 27 日）

菅宮恵子（2019）．色覚異常を考慮した教材資料作成実習の実践報告とその評価　東京女子大学教職・学芸員過程研究, *2*, 14–23.

東京都教育委員会(2021)．ICT を活用した学習に関する情報サイトの紹介 Retrieved from https://www.kyoiku.metro.tokyo.lg.jp/school/content/ict_reference_link.html（2021 年 10 月 27 日）

東京都福祉保健局生活福祉部地域福祉推進課（2011）．東京都カラーユニバーサルデザインガイドライン Retrieved from https://www.fukushihoken.metro.tokyo.lg.jp/kiban/machizukuri/kanren/color.files/colorudguideline.pdf（2021 年 10 月 27 日）

横浜南養護学校（2021）．ロボットプログラミング選手権大会 2021（病弱教育部門）Retrieved from https://www.pen-kanagawa.ed.jp/y-minami-sh/roboindex.html（2021 年 10 月 27 日）

第 3 部　制度，組織の中の教師

8 章

教師の義務と権利

1　はじめに

　教員という特殊な職は，法制度上でどのように規定されているのだろうか。これを紐解くことによって，関係法制に据えられた原理や理念，その歴史的な重みをうかがい知ることができる。

　なぜ教師は人工知能ではなく，主体性ある生身の人間でなくてはならないのか。教師は何に責任を負い，そして，そのために何を保障されなければならないのか。これらの，教師の義務と権利に関わる問いの答えを，現行法制，ひいては，今日の社会に照らして考えてみよう。

2　法制度からみる子どもの学習権保障責任

(1) 戦後における教育法制の体系と教員法制の課題（1, 12 章も参照）

　戦後，日本は民主主義の国として生まれ変わった。戦前のように，教育は国民の「義務」ではなく，日本国憲法や教育基本法（旧教基法：1947（昭和 22）年 3 月 31 日法律 25 号）の成立に象徴されるように，「権利」として保障されるものとなった。教育基本法は，日本国憲法 26 条（教育を受ける権利）を根拠とした教育関係法制の最高位に位置づく法律であり，いかなる教育関係の法律も，教育基本法の内容に矛盾してはならない。換言すれば，教育基本法は，国民の教育を保障するための具体的法制度を構築する際に礎となる原理的内容を示すもの，あるいは，よって立つべき道標となっている，ともいえる。

　この「義務」としての教育から「権利」としての教育への 180 度の原理転換
により，教育に関わる法制度も 180 度の転換が必要とされ，教員に関わる法制
度も当然例外ではなかった。一部の国民のみならず，すべての国民に教育が保
障されるということは，それまでの教員や学校の数は圧倒的に不足することと
なり，多くの教員や学校が必要とされ，そのための教育条件整備が急務になる
ことを意味した。では，教員に関する新しい法制度を作らなければならないと
いう課題に直面した当時，具体的にいかなる問題が浮上したのだろうか。例え
ば，次のような内容が挙げられるだろう。

　教師にはどのような資格や人間性が求められるのか，その資格や人間性を兼
ね備えるためにどこでどのような教員養成を行うのか（教員養成の問題）。誰
がどのような方法により教員の採用適否を判断するのか（教員採用の問題）。
さらには，学校現場に出てから子どもの学習権保障を担う専門家として，いか
にして教員はその専門性を向上させるのか（教員研修の問題）。以上は教員法
制の制定に関わって戦後に浮上した問題の一部に過ぎない。教員法制に関する
問題は現代に至るまで断続的に議論されてきた問題でもあり，その重要性がう
かがえるだろう。

(2) 教育公務員特例法の理念

　戦後日本における教員に関する最初の法律は「教育公務員特例法（教特法）」
(1949（昭和 24）年 1 月 12 日法律第 1 号）である。もともとは，「教員身分法
案」という名称で構想され，教員の身分保障の必要性から生まれた法律である。
「教員身分法案」の段階では，教育の専門性の見地から法律が定められていた。
同法案において対象とされた教員には国公立学校のみならず私立学校教員も含
まれ，初等・中等・高等学校の教員が同等に扱われるものであり，さらには，
研究費の支給にまで及ぶ，手厚い身分保障制度をその内容としていた（高橋，
2019）。以上のような「教員身分法案」は，様々な関係部署との折衝の末，現
行法の「教特法」として成立した。教特法は，公務員法の特例として定められ，
公立学校の教育公務員に関する任免，分限，懲戒，服務，研修等について規定
されている。

　では，教育公務員は何がどのように，他の公務員とは異なり，あるいは，教

育公務員が特殊であるといえるのだろうか。高橋（2019）は，法制定当時の文部省の議論に基づき，教職の特殊性が次のように認識されていたことを明らかにしている。すなわち，①教育関係とは教育者と被教育者との人格の関係であること，②教員には特別な資格と研究修養が必要なこと，③教育が時の勢力や不当な支配に左右されてはならないこと，④教員には自立性が必要とされるからこそ，教員の身分が保障されなければならないこと，であった。

　また，他の公務員と異なり，教職の特殊性として必要であると主張された教員の自立性・独立性の必要性に関しては，教員間が上下関係なしに同一の職責を持って行われなければならないことを理由として，旧教基法 10 条が根拠として挙げられていた。旧教基法 10 条は次のような内容であった。

旧教基法 10 条（教育行政）
　　教育は，不当な支配に服することなく，国民全体に対し直接に責任を負って行われるべきものである。
2　教育行政は，この自覚のもとに，教育の目的を遂行するに必要な諸条件の整備確立を目標として行われなければならない。

　旧教基法 10 条には，戦前の反省として，教育が政党や政治権力などによって影響されないように，直接的に教育に責任を負い，そして，教育行政は，「人格の完成」という教育の目的（旧教基法 2 条）を遂行するために，あらゆる教育条件整備を行うことが責務とされたのである。ここで，誰が教育に直接的に責任を負うのか，という疑問が浮上するが，法解釈および実態に照らして，日常的に子どもたちと接触する教員こそが，実質的に直接的な責任を負う者であるとも解されている。

　さらに，旧教基法 6 条には，学校設置者と教員に関して次のように規定されていた。

> 旧教基法6条（学校教育）
> 　法律に定める学校は，公の性質をもつものであって，国又は地方公共団体の外，法律に定める法人のみが，これを設置することができる。
> 2　法律に定める学校の教員は，全体の奉仕者であって，自己の使命を自覚し，その職責の遂行に努めなければならない。このためには，教員の身分は尊重され，その待遇の適性が，期せられなければならない。

　ここで，「法律に定める法人」とは私立学校のことを指し，したがって，国公立・私立いずれの設置主体に関しても学校は公の性質を有している，ということが規定されている。そして，後続の第6条2項には，教員が全体の奉仕者であり，それゆえ身分が尊重されなければならないと規定されている。以上のように，旧教基法10条と6条の理念が，1949（昭和24）年の教特法に通じていたことをうかがい知ることができる。

　ここで，教員の服務や職務について詳しく確認する前に，教員の義務や責任について，いかなる議論や学説が展開してきたのかを先に確認してみよう。

(3) 教師と国による学習権保障責任（9，12章も参照）

　子どもが人間として成長発達するためには，学習する権利が保障されていなければならない。学習権の概念を提唱してきた堀尾（2019）によれば，子どもに学習権を保障することは，すなわち，教師の権利や親の権利を保障することであり，そして，国には教育条件整備義務があることを要請する。すべての子どもが人間として成長発達していくために，親の力だけで十分な教育を保障することは，たいてい困難である。したがって，公の性質をもつ学校は教育を担い，国は，子どもの学習権を保障するためにあらゆる教育条件整備をしなければならない。例えば，子どもと毎日接する教師が，長時間勤務にさらされていては，子どもたちの学習権は到底保障され得ない。親もまた，適切な労働条件のもとで働くことができなければ，子どもとの関係に何らかの支障が生ずるだろう。

　教特法が制定される際の立法者意思を先に確認した通り，教師の仕事は，日常的な人格と人格の接触の中で行われる。特に学級という集団的な空間は，「子

どもの要求をベースとする学習と教育が展開する場」であり，それゆえに，子どもが教師や他の子どもに対して，自らの欲求や不満を表明できる関係が不可欠とされている（世取山，2022，p. 162）。さらに学校という空間の中には，成長発達段階にある子どものみならず，教職員という大人たちも含まれる。学校の中で織りなされる人間関係には，子ども個人から子ども集団（学級あるいは全校児童生徒），また，教師についても同様に，教師個人から教師集団といった幅が存在する。さらには学校内にとどまらず，学校外においては地域住民との関係も存在する。

　このような学校や学級空間の中で，教師は個人として，そして教師集団として，子どもの学習を保障する責務を担わなくてはならない。教師一人ひとりの創意工夫や日々の研究によってその専門性を高めていくことと同様に，それを学校全体に還元し，専門的知見を共有することで，教師集団全体としての専門性を高めていくことが重要となる。そのために，教員には研修（研究と修養）が義務および権利として保障されているのである（詳細は4節）。

　教師には教科指導という職務として，教育方法や教材選定に関する主体的な判断が委ねられている。学習指導要領や教科書の指導書等，教授方法に関する最低限の手引きは全国共通の内容で存在しているが，教師一人ひとりが目の前にする子どもは一人として同じ人間ではない。つまり，教師が教科指導，さらには生活指導に関する何らかの判断を迫られ，その判断に対する責任を負わなければならない場合，何を根拠に判断をするのかというと，その根拠は極論をいえば「目の前の子どもの成長発達」ということになる。目の前にいる子どもの成長発達のために，彼ら／彼女らが何を必要としており，教師として何が最善だと判断するのか。教師は何歩も先回りして，子どもが成長発達するためのあらゆる手段を講じなければならない。

　では，「目の前の子どもの成長発達」のために，教師にとって最善の教育内容や教育方法を遂行したいと考えた場合，どのような条件が必要になってくるだろうか。まず，子どもたち一人ひとりと信頼関係を築くために，子どもとコミュニケーションをとるための十分な時間が日常的に必要になるだろう。そのためには教師自身がしっかりと子どもたちのことを講じられるように心身ともに健康であり，また，予期しないことや非常事態が起こったときに冷静に対

応できるように，常に心に余裕がなければならない。自分の心に余裕がないときに，他人に八つ当たりしやすくなったり，思ってもいない言葉を周囲に向けてしまうといったことは，人間ならば誰にでもあるだろう。教師もまた，生身の人間であるからこそ，教師の本来の力が発揮できるようにその労働条件をはじめとする教育条件が保障され，そのための法制度が整備されなければならないのであり，それが，子どもの学習権保障の最善策となるのである（兼子, 1976）。

先の例でいえば，子どもたちとの日々のコミュニケーションの時間を確保し，信頼関係を築きやすくするためには，40人学級と20人学級では教育条件に著しく差があることが想像できるだろう。したがって，より小さな学級規模が学習権を保障するのに望ましいといえる。また，教師が心身ともに健康であり，心に余裕を持った状態で教壇に立つためには，長時間労働に対する規制や，長時間労働の原因となっている標準授業時間数，さらには，学習指導要領の内容・学習量を常に見直すことが必要とされる。

これらの課題が，教師個人の努力で解決できる問題なのか否かについて，あらためて考えてみる必要があるだろう。教育条件整備に関する法制度の整備の問題は，教師個人の努力で解決できる範囲をはるかに超えており，そのことを教師自身もまた自覚する必要がある。ただ単に教師としての職務を前にし，それをこなせないのは自分に責任があるという思考に陥る前に，教師として置かれている教育条件や法制度，学習権保障の概念について，今一度立ち止まり，同僚の教師と相談しながら，教師集団として考えてみることが必要である。

3 教師の職務

(1) 服務規程

服務とは，公務員が守らなければならない職務上および身分上の義務のことを指す。教員は地方公務員として，地方公務員法（地公法）に規定された次の義務を守らなければならない。まず，職務上の義務とされるものに，①服務の宣誓義務（地公法31条），②法令及び職務命令遵守義務（地公法32条），③職務専念義務（地公法35条）がある。

①は，憲法99条（憲法尊重擁護の義務）に由来するものである。これは，

公務員が国民全体の奉仕者として憲法を守らなくてはならないことによる。また，②は，法令や上司による職務命令に従わなくてはならないことについての規定である。ここで職務上の「上司」とは，校長のことを指す。例えば，初任者研修等により勤務校の外での勤務となる場合，教員は校長（上司）の出張命令を受けて出張に行くことになる。また，職務上の命令には限界がある点にも注意が必要である。上司による職務命令によって教員の本来の職務内容が著しく損なわれるような場合や，教員による教科指導をはじめとする教育活動の内容に関しては，職務上の命令は及ばないと解釈されている。教員の創意工夫に基づく教育活動には教員の自主性が保障されなければならず，このことは，教基法に規定される「不当な支配」（旧教基法 10 条，教基法 16 条）が及ばない範囲の趣旨として解されるためである。③は，特別な定がある場合を除いては，職務に専念しなければならないという規定である。「特別な定」には，休憩・休日（労働基準法 34・35 条），年次有給休暇（労働基準法 39 条），産前産後・育児・生理休暇（労働基準法 65・66・67・68 条），研修（教特法 22 条）等が該当する。これらの「特別な定」に該当した場合，職務専念義務が免除される（「職専免」といわれる）。なお，新型コロナウイルス感染症拡大防止に伴う教員の勤務形態については，在宅勤務や職務専念義務の免除等の措置がとられた（文科省 2020（令和 2）年 5 月 21 日 Q&A）。以上のように，特別な定に関する規定に該当する場合を除き，教員は職務に専念することが原則となっている。

　次に，身分上の義務には，①信用失墜行為の禁止（地公法 33 条），②守秘義務（地公法 34 条），③政治的行為の制限（地公法 36 条），④争議行為の禁止（地公法 37 条），⑤兼職禁止（地公法 38 条）がある。

　①は，職の信用を失う行為をしてはならないことに関する規定である。例えば，体罰（学校教育法 11 条）やセクシャルハラスメント，飲酒運転（道路交通法 65 条），金銭の着服行為などが該当する。②は，職務上知りえた秘密について，現職期間中および退職した後も，漏らしてはならないことについての規定である。教育実習のために学校現場へ行く学生は，守秘義務の遵守について必ず説明を受けているだろう。近年は，情報機器やネット網が急速に発達したことに伴い，個人情報等の管理には一層の注意が必要とされる。③は，特定の政治政党を支持し，その勧誘運動などを行うことの制限についての規定である。

特に教員は，教育者としての地位を利用しての政治活動を行うことの制限（公職選挙法），政治的行為の制限（教特法11条）などがある。④は，争議行為の禁止について，すなわち，ストライキ行為については禁止されている。例えば，団体交渉によって労働条件の改善要求は可能だが，そのための団体行動（争議行為・ストライキ行為）はできない。しかし，教員のストライキの目的が，必然的に子どもの学習権保障を目的とするものとなることを考慮すれば，教員のストライキの禁止の是非については議論の余地が残されているという見方もある（兼子，1976）。最後に⑤は，兼職の禁止についてである。地方公務員は，営利を目的とする企業に従事してはならないとされている。ただし，教育公務員に関しては，教育に関する他の事業や事務について，本職の遂行に支障がないと任命権者に認められうるときは，その職に従事することができる（教特法17条）。また，非常勤講師には兼職の禁止は適用されない（教特法17条2項）。

(2) 校　　務

　以上，地方公務員としての教員の服務内容を確認してきた。次に，教員としての具体的な仕事の内容についてみていこう。校務とは，文部科学省（2006）によれば，「学校の仕事全体を指すものであり，学校の仕事全体とは，学校がその目的である教育事業を遂行するため必要とされるすべての仕事」と定義されている。具体的な校務の範囲としては，「1. 教育課程に基づく学習指導などの教育活動に関する面，2. 学校の施設設備，教材教具に関する面，3. 文書作成処理や人事管理事務や会計事務などの学校の内部事務に関する面，4. 教育委員会などの行政機関やPTA，社会教育団体など各種団体との連絡調整などの渉外に関する面」が挙げられている（文部科学省「教員の職務について」，2006）。学校現場において「校務分掌」と呼ばれる業務を想像するとわかりやすいだろう。つまり，以上のような校務を全教職員が分担することにより，学校が学校として運営されるのである。したがって，教員と子どもたちとの具体的な教育活動内容は含まれていないとされる（神田・兼子，1999）。

　法律上は，校務は校長がつかさどり，監督するものとされている（学校教育法37条）が，実際の学校運営は教職員全体による集団的自治により行われている。したがって，学校の運営に関わる事項について何らかの決定を校長が行

う際のプロセスとしては，校長は独断で決定を下すのではなく，職員会議で教職員全体が協議し，最終決定を下すという捉え方が，実際場面に近いといえるだろう。

(3) 職務（2章も参照）

　職務とは，文部科学省（2006）によれば，「『校務』のうち職員に与えられて果たすべき任務・担当する役割である（具体的には，児童生徒の教育のほか，教務，生徒指導又は会計等の事務，あるいは時間外勤務としての非常災害時における業務等がある）」と定義される。つまり，「校務」に入っていなかった教科指導や教育活動，生徒指導などの具体的な仕事内容が該当する。

　職務の遂行は基本的に勤務時間内に行われるが，教員の職務内容は，場合によっては勤務時間外に生じることがある。給特法6条に基づく政令（公立の義務教育諸学校等の教職員を正規の勤務時間を超えて勤務させる場合の基準を定める政令）において，勤務時間を超えて勤務させることが可能であるとされている業務は，①校外実習その他生徒の実習に関する義務，②修学旅行その他の学校の行事に関する業務，③職員会議に関する業務，④非常災害の場合，児童又は生徒の指導に関し緊急の措置を必要とする場合その他やむを得ない場合に必要な業務とされる（超勤4項目）。

　しかしながら実際には，勤務時間外に行われている業務は上述の4項目に限らない。勤務時間外に慣習的に行われている業務としては，朝の登校指導や，課外活動（部活・クラブ活動）などが主に挙げられる（9章も参照）。

4　教師の研究と修養（研修）（1章も参照）

(1) 教員研修の種類

　教員の研修は，義務であり，また権利であるともいえる。子どものたちの学習権を保障するための専門職として，研究や修養によってその専門性を高めなければならない義務的側面を有する一方で，長期研修の機会や研修のための施設についての法整備がある程度なされていることから，研究と修養は教員としての権利的側面も有している。また，他の地方公務員に義務づけられている研

修が，職務の効率化を主たる目的として実施されている一方で，教員の研修の目的は，子どもの学習権保障のための専門性の向上である。そのために，教員の研修はその目的や性格において，地方公務員の研修とは本質的に異なっているといえる。

　教員の研修は主に3種に分けられる。すなわち，①行政研修，②職務専念義務免除に該当する研修，③自主研修，である。①は，初任者研修（教特法23条），中堅教諭等資質向上研修（教特法24条），指導改善研修（教特法25条）が該当し，教員の任命権者（都道府県教育委員会等）が実施する。①は服務監督者（校長）による出張命令を受けるものであるため，勤務とみなされ，公務災害の適用や旅費の支給がなされる。②は，服務監督者が，授業に支障がないと判断した場合に認められる。例えば，長期研修や各種研究会等が該当する。③は，教員が自主的に参加するものとされ，勤務時間外扱いとなるため，公務災害の適用や旅費の支給はなく，年次有給休暇を取得する必要がある。

　教育が不当な支配に服さず，教員の自主性を尊重すべきという理念を踏まえれば，上述の③の自主研修こそ積極的に保障されなければならないはずである（久保，2005）が，実現には至っていない。

(2) 近年の研修制度の動向

　以上に確認した①の行政研修は，教特法制定当初から実施されていたものではなく，1980年代以降に徐々に追加され，実施されてきたものである。まず，1988（昭和63）年に初任者研修および長期研修に関する規定，次いで，2002（平成14）年に10年経験者研修（2017年（平成29）より中堅教諭等資質向上研修に名称変更）に関する規定，2007（平成19）年に指導改善研修に関する規定が追加された。例えば初任者研修は，校内において週10時間以上・年間300時間以上，校外において年間25日以上を目安として実施されている。また，中堅教諭等資質向上研修は，年間20日程度を目安に実施されている。

　さらに，2016（平成28）年の教特法の改正により，任命権者には，教員研修に関する指標策定が義務づけられた（教特法22条の3）。その際，文部科学省が定める指針（公立の小学校等の校長及び教員としての資質の向上に関する指標の策定に関する指針）を参酌しなければならない。独立行政法人教職員支

援機構（2000（平成12）年に行政改革の一環として文部科学省から独立し，2016（平成28）年に独立行政法人「教員研修センター」から改称）は，教員研修に関する指標の策定に関して，都道府県教育委員会をはじめとする任命権者に対して専門的な助言を行う（教特法22条の3，4項）他，教員免許更新講習の認定に関する事務（教免法9条の3，6項）等を担っている。

　2009（平成21）年からは教育職員免許法（教免法）の改正に伴い，教員免許更新講習制（教免法9条の2・3・4）が導入された。教員免許更新制により，教員として10年目を迎える前の2年間の間に30時間の講習が必要となり，講習を受けること等によって免許を更新しなければ，取得した教員免許が失効するという変更が加えられた。教員免許更新制の導入に際しては，それまで実施されてきた10年経験者研修との整合性や，教員の多忙化や教員不足に拍車をかけるのではないかといった問題の深刻化により，2022（令和4）年7月に廃止されることとなった。しかしながら，免許更新制の廃止とともに，教員の研修受講履歴を残す仕組みが新たな教員研修のあり方として構想され始めている。この仕組みが教員の自主的研修の妨げにならないか，今後の議論を注視していく必要がある。

　1980年代以降，行政研修の種類や方法及び関係する行政機関は，以上のように拡大の一途を辿っている。こうした法制度の変化から，1988（昭和63）年以前に採用された教員が経験してきた教育現場（②職務専念義務免除に該当する研修と③自主研修が中心的な時代）と，このような行政研修制度が確立してから採用された教員が経験している教育現場（①行政研修が中心的な時代）とでは，全く異なる教育現場となっていることは想像に難くない。教育行政主導の行政研修の拡大は，教育の自主性を保障しなければならないとする教育基本法の趣旨や，教育行政の義務である教育条件整備義務と矛盾してはいないか。読者の皆さんはどのように考えるだろうか。

（3）あるべき教員研修の方向

　「教員の地位に関する勧告」（1966（昭和41）年）には，教育の仕事に携わる者の身分や地位が尊重されるべき理由や，そのための具体的な方法について規定されている（序章2節も参照）。例えば，教員が，専門職として不断の研

究や責任を要求される重要な仕事であり（6），それゆえ，無償の教員養成期間の制度を設けること（16）や，学級規模を児童生徒一人一人に注意を払うことができるものとすること（86），労働時間を教員団体との協議により決定すること（90），研修のための有給休暇が与えられるべきこと（95），また，へき地の学校に転任する際の教員自身および家族の転居費用の支給（112），社会に対する教育の機能の重要性を鑑みた教員給与の設定（114・115），教員不足が児童生徒にとって有害であることを認識し，これを廃止すべき措置をとること（141），そして，教員の社会的地位や経済的地位，生活・労働条件，雇用条件，教員としての将来性を改善することが，教員不足を解消し，資格あるものを教職に引きつけ，引き止めておくための最良の手段であることを当局が認識すべきこと（145）を勧告している。

　このような勧告が 1966（昭和 41）年の段階で出されていたにもかかわらず，教員不足や教職の多忙化をはじめとする深刻な事態は継続している。2018（平成 30）年に実施された OECD 国際教員指導環境調査（TALIS；Teaching and Learning International Survey）によれば，日本の教員の 1 週間あたりの勤務時間は，他の国に比して非常に長く（日本小学校 54.4 時間，中学校 56.0 時間，参加国平均 38.3 時間），教員の勤務の実態が過酷なものとなっていることがうかがえる（教員の長時間労働，教師のワーク・ライフ・バランスについては 9 章を参照）。

　教師の専門性の向上には，教師がゆとりをもって自主的に考え，子どもの学習権保障に専念できる日常的な勤務条件と，研究と修養のための時間と費用の面とを保障するこそ必要とされている。その意味で，勧告の内容の多くが教師のための教育条件整備に関するものであることがわかるだろう。

5　おわりに

　教師としての責任や義務に関する規定について記された文献やテキストは多く存在するものの，子どもの学習権保障という職務を遂行するための教師の権利として何が保障されなければならないかについては，前者ほど解説される機会が多くないように思われる。教師が負うべき教師としての義務については当

然に心得なければならないが，それと同じように，教師としての職責を全うするための権利が保障されなければならないことについても，理解しておくことが重要である。

参考文献

堀尾輝久（2019）．人権としての教育　岩波書店

兼子　仁（1976）．教育権の理論　勁草書房

兼子　仁（1978）．〔新版〕教育法　有斐閣

神田　修・兼子　仁（編）（1999）．教育法規新事典　北樹出版

久保富三夫（2005）．戦後日本教員研修制度成立過程の研究　風間書房

文部科学省（2006）．中央教育審議会初等中等教育分科会「教職員給与の在り方に関する　ワーキンググループ」（年8回）　資料5「教員の職務について」

文部科学省（2019）．TALIS 2018（OECD 国際教員指導環境調査）Retrieved from https：//www.mext.go.jp/b_menu/toukei/data/Others/1349189.htm（2022年1月21日）

高橋寛人（2019）．教育公務員特例法制定過程の研究—占領下における教員身分保障制度改革構想　春風社

世取山洋介（2022）．学級という空間の融解，あるいは，子どもの欲求の不可視化　角松生史他（編）　縮小社会における法的空間—ケアと包摂（pp. 151-173）　日本評論社

9 章

教師のワーク・ライフ・バランス
―仕事にやりがいを感じ，健康で充実した生活に向けて

1　はじめに

　2000 年代に入り，日本でワーク・ライフ・バランスに対する社会的関心が高まった。2007（平成 19）年に政府・労働者団体・使用者団体より構成される「官民トップ会議」で「仕事と生活の調和（ワーク・ライフ・バランス）憲章」が策定され，ワーク・ライフ・バランス(Work-Life Balance：以下，WLB)の確保に向けた政策が進められてきた。その背景には次のようなものがある。

　第 1 に，長時間労働の是正である。長時間労働によって心身の健康が悪化し，スポーツ，文化・教養活動，社会活動などの人格的な成長の機会や家族と過ごす時間が奪われる（鷲谷，2009）。人々が健康で充実した生活を送るためには労働時間の適正化が求められる。

　第 2 に，硬直的な働き方の見直しである。他の先進国に比べて，日本の労働者は仕事の進め方に関する裁量が小さい（佐藤・武石，2011）。このような働き方は仕事と家庭生活の両立，ライフスタイルの多様化を阻害する。例えば，家族を看病するために休暇を申請したいが，それをしにくい雰囲気が職場にある。あるいは仕事を続けながら大学院に通いたいが，仕事の調整がつかず断念するといった状況を想像してほしい。これらはいずれも，自分自身の希望にあわせて仕事を進めることができず，仕事と仕事以外の生活の間で板挟みになった事例といえる。このような状況を解消するために，労働者が希望するライフスタイルにあわせて働くことのできる環境整備が求められるわけである。

　長時間労働と硬直的な働き方は，労働者個人の問題にとどまらない。少子化

が進行したり男女共同参画社会の形成が阻害されるなど社会全体の問題にも関わる（山口，2009）。仕事が多忙で子育てとの両立に不安を感じる，あるいは家事や育児を理由に退職するのはその最たる例である。

　2010 年代には過労死や過労自殺が社会的に注目され，関連法の整備が進んだ。2014（平成 26）年には過労死等防止対策推進法が，2018（平成 30）年には労働基準法改正等を内容とする「働き方改革関連法」が成立した。2018（平成 30）年の労働基準法改正によって，月あたり 45 時間（年間 360 時間）を原則とする残業時間の上限規制が導入された。また，年間最低 5 日以上の年次有給休暇の取得も義務づけられるなど，WLB の確保に向けた政策が展開されている。

2　教師のワーク・ライフ・バランスをめぐる状況（8 章も参照）

(1) 労働時間

　教師の WLB 確保も喫緊の政策課題である。まず，教員の 1 日を具体的にみてみよう。図 9-1 は，宮城県教育委員会が作成した公立小・中学校教諭の 1 日を示す資料である。この資料が示すように，小・中学校教諭の勤務は 1 日の半分程度を占める。小学校教諭は 7 時 30 分頃に出勤し 20 時前に退勤する。中学校教諭の出勤時刻は 7 時 30 分頃で，退勤時刻は 18 時 30 分頃となっている。

　さらに，昼の時間帯や児童生徒が学校にいない時間帯も教諭は仕事をしている。図 9-1 の小学校教諭は起床後に教材研究をし，出勤後には教室の清掃をしている。昼は給食・清掃活動で児童と関わり，児童の下校後は日常業務に取り組んでいる。中学校教諭は出勤後から朝の会までに教室環境の整備を，昼休みには生徒会活動指導を，放課後には部活動指導や教材研究を行っている。

　今度は全国調査から教師の 1 日をみてみよう。表 9-1 は 2016（平成 28）年に文部科学省が全国約 400 校の公立小・中学校教員を対象に行った「第 2 回教員勤務実態調査」の集計結果である。小・中学校教諭が平日 1 日に学校で行う労働時間（学内勤務時間）は半日近くに及ぶことがあらためて確認できる（小学校：平均 11 時間 2 分，中学校：平均 11 時間 18 分）。

　授業とこれに付随する授業準備や成績処理は教師の主要な業務である。しか

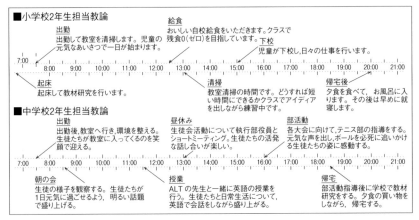

図9-1　公立小・中学校教諭の1日（宮城県教育委員会，2017）

し，実際にはこれら3業務以外が占める時間も相当なものである。平日1日に教諭が授業・授業準備・成績処理に費やす時間は，小学校が平均6時間15分，中学校が平均5時間30分である。平日1日の学内勤務時間全体に占める割合に換算すると，小学校は57%，中学校は49%となる。裏を返せば，授業・授業準備・成績処理以外の業務を行うのに，小学校教諭は平日1日の学内勤務時間全体の43%，中学校教諭は51%の時間を費やしているのである。

　授業は教師と児童生徒が教室に集まるだけでは成立しない。教室に教師や児童生徒が集まるためには，あらかじめクラス分けや教室の割り当てをしなければならない。さらに，教室に机やいすなどの教具，教科書や教材を手配し，時間割や年間スケジュールも決めておく必要がある。児童生徒の教育を受けもつ教師個人の努力に加えて，教育・学習環境が整備されてはじめて，授業を行うことができるのである。学校を運営するために必要な業務（校務）を教職員の間で分担して行うことを校務分掌という。各学校には教務部，生徒指導部，各学年・教科の組織などが置かれ，教師は学級や教科での教育・指導の担当に加えて，各組織に所属しながら学校運営に関する業務も行っている。

　第2に，公立小・中学校の教諭は土日も学校に出勤している。特に，中学校教諭は土日1日あたり平均2時間程度を部活動指導に費やしている。中学校教諭にとって部活動指導は土日出勤の要因となっている。小学校教諭については，

表9-1　公立小・中学校教諭の1日の学内勤務時間 (リベルタス・コンサルティング，2018)

時間：分

	小学校		中学校	
	平日	土日	平日	土日
朝の業務	0：35	0：02	0：37	0：01
授業（主担当）	4：06	0：07	3：05	0：03
授業（補助）	0：19	0：01	0：21	0：00
授業準備	1：17	0：13	1：26	0：13
学習指導	0：15	0：00	0：09	0：01
成績処理	0：33	0：05	0：38	0：13
生徒指導（集団）	1：00	0：02	1：02	0：01
生徒指導（個別）	0：05	0：00	0：18	0：01
部活動・クラブ活動	0：07	0：04	0：41	2：09
児童会・生徒会指導	0：03	0：00	0：06	0：00
学校行事	0：26	0：09	0：27	0：11
学年・学級経営	0：23	0：04	0：37	0：04
学校経営	0：22	0：04	0：21	0：03
職員会議・学年会等の会議	0：20	0：01	0：19	0：00
個別の打合せ	0：04	0：01	0：06	0：00
事務（調査への回答）	0：01	0：00	0：01	0：00
事務（学納金関連）	0：01	0：00	0：01	0：00
事務（その他）	0：15	0：02	0：17	0：02
校内研修	0：13	0：01	0：06	0：00
保護者・PTA対応	0：07	0：03	0：10	0：03
地域対応	0：01	0：02	0：01	0：01
行政・関係団体対応	0：02	0：00	0：01	0：00
校務としての研修	0：13	0：00	0：12	0：01
会議・打合せ（校外）	0：05	0：00	0：07	0：01
その他の校務	0：09	0：01	0：09	0：04
合計	11：02	1：00	11：18	3：12

土日1日あたりの学内総勤務時間が平均1時間と中学校よりも短い。しかし，これは平均値であることに留意してほしい。例えば，小学校教諭の「授業（主担当）」は平均7分だが，これは土曜日授業を行う学校とそうでない学校との平均値である。授業時数確保のために土曜日授業を行う小・中学校もあり，こうした学校では，教諭が土日に授業をする時間は表の数値以上に長くなる。

　さらに，図9-2は文部科学省「第2回教員勤務実態調査」が明らかにした公立小・中学校教諭の週あたり学内総勤務時間である。ここでは60時間以上の教諭に注目してほしい。厚生労働省は脳・心臓疾患発症のリスクが高まる基準

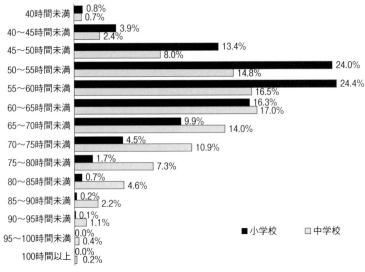

図 9-2　公立小・中学校教諭の週あたり学内総勤務時間 (リベルタス・コンサルティング，2018)

として，発症前の2か月間ないし6か月間で，残業・休日出勤時間が1か月あたり平均80時間というものを示している。1か月（4週間）の残業・休日出勤が80時間というのは，1週間で20時間の残業・休日出勤に相当する。労働基準法は1週間の労働時間を原則40時間としている。これらを踏まえると，週の労働時間が60時間以上になると，脳・心臓疾患発症のリスクが高まることになる。

図 9-2 より，この水準にあてはまる週の学内総勤務時間が60時間以上の教諭は，小学校で約3割，中学校で約6割いることがわかる。教師の健康保持の点で看過できない状況であり，学校の働き方改革を進めるきっかけとなった。

(2) 仕事以外の私生活

他方で，教師は仕事以外でどのような生活を送っているのだろうか。これを明らかにしたものとして，2015（平成27）年に公益財団法人連合総合生活開発研究所（連合総研）が23道県の公立学校教諭を対象に行った「教職員の働き方と労働時間の実態に関する調査」がある。この調査結果と他の調査結果を比較しながら，公立小・中学校教諭の睡眠時間，家族全員と夕食をとる頻度，

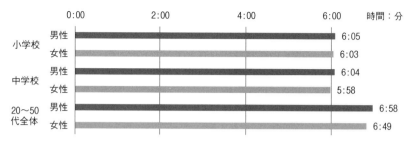

（注）「20～50 代全体」は，NHK 放送文化研究所「国民生活時間調査」(2015 年) の結果をもとに算定。

図 9-3　公立小・中学校教諭と 20～50 代全体の睡眠時間（平日 1 日）

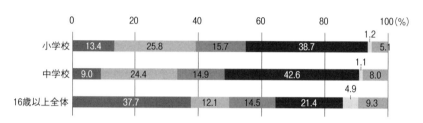

■ 毎日　■ だいたい毎日（週5-6日）　■ 週3-4回　■ 週1-2回　■ 月に1-3回　■ ほとんどない

（注）「16 歳以上」は NHK 放送文化研究所「食生活に関する世論調査」(2016 年) の結果。

図 9-4　公立小・中学校教諭と 16 歳以上全体の家族全員と夕食をとる頻度

読書時間，ボランティア・地域活動への参加頻度，生活満足度をめぐる状況を整理する。

　教諭の平日 1 日の睡眠時間は平均 6 時間前後である（図 9-3）。2015（平成27）年に行われた NHK 放送文化研究所「国民生活時間調査」の結果をもとに，20～50 代の睡眠時間を概算すると，男性は平均 6 時間 58 分，女性は平均 6 時間 49 分であった。調査方法が異なるため厳密な比較ではないが（以下の項目も同様），20～50 代全体と比べて小・中学校教諭の睡眠時間は短い。その背景には先述したような教師の長時間労働が考えられる。睡眠時間が短いと疲労回復が十分行われず，健康が損なわれるため，教師の長時間労働を是正することが求められる。

　公立小・中学校教諭の家族全員と夕食をとる頻度は低いといえる（図 9-4）。2016（平成 28）年に NHK 放送文化研究所が 16 歳以上を対象に実施した「食生活に関する世論調査」では週 5 日以上家族全員と夕食をとる割合が 49.8%

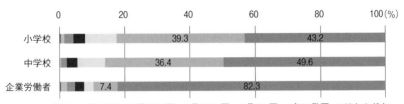

図9-5 公立小・中学校教諭と労働者のボランティア活動等への参加頻度

であった。他方で小学校教諭は39.2%，中学校教諭は33.4%にとどまった。これも長時間労働による影響が考えられ，教師の労働時間を改善する余地がある。

　紙幅の都合で図表は省略するが，公立小・中学校教諭の平日1日の読書時間は次の通りであった。小学校では男性が平均28分，女性が平均20分で，中学校では男性が平均24分，女性が平均16分であった。他方で「国民生活時間調査」では，10歳以上の調査対象者全体の「雑誌・マンガ・本」を読む時間は，平日1日あたり平均12分であった。小・中学校教諭の読書時間は全体平均を上回るといえそうだが，その時間は突出して長いわけでもない。

　このようにWLBの観点から，教師の私生活面で改善の余地がうかがえる。しかし，以下に示す教師のボランティア・地域活動への参加頻度と生活満足度についてはこれまで紹介した項目と違った評価もできる。ここでは，教師以外の労働者と比較ができるデータとして，同じく連合総研が企業労働者に行った「生活時間に関するアンケート調査」（2007年）を参照する。

　ボランティア・地域活動への参加頻度は，企業労働者よりも小・中学校教諭の方が高い（図9-5）。「ほとんど参加していない」という企業労働者は82.3%だが，他方で小学校教諭は43.2%，中学校教諭は49.6%にとどまる。学校・家庭・地域との連携が進められ，教師は業務の一環で地域活動に参加することもある。ここでいうボランティア・地域活動には，教師としての業務の延長によるものが含まれている可能性もある。しかし，教師が自発的に活動に参加しているケースも考えられる。誰かの役に立ちたいという思いが，教師のボランティアや地域活動への参加頻度の高さに現れていることも推察される。

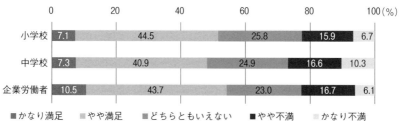

(注)「企業労働者」は連合総研「生活時間に関するアンケート調査」(2007 年) の結果。

図 9-6　公立小・中学校教諭と労働者の生活満足度

　生活満足度（図 9-6）について「やや不満」と「かなり不満」の合計は，小学校教諭が 22.6%，中学校教諭が 26.9% であった。これに対して，企業労働者は 22.8% であった。中学校教諭の生活満足度が低く，その背景には部活動指導に伴う長時間労働による影響もうかがえる。だか，生活に対する不満の度合いは小・中学校教諭で極端に大きいともいえない。教師の仕事は長時間に及び私生活に支障をきたしている面もあるが，同時に教師は自身の仕事から充実感を得ていることが，この調査結果からうかがえる。

3　教師のワーク・ライフ・バランス確保に向けた取り組み

　このような教師の状況を踏まえて，教師の WLB を確保するための取り組みが国や地方自治体で進められている。ここでは主要な政策を 4 点に整理する。

(1) 労働時間制度の改変（2 章も参照）

　2019（令和元）年 12 月，公立学校で働く教師の勤務条件を定める「公立の義務教育諸学校等の教育職員の給与等に関する特別措置法」（給特法）が改正された。そのポイントは次の 2 点にまとめられる。

　第 1 に，公立学校で働く教師にも時間外勤務の上限規制が導入された。給特法改正前の 2019（平成 31）年 1 月に，文部科学省は「公立学校の教師の勤務時間の上限に関するガイドライン」を作成した。このガイドラインは，文部科学大臣による「公立学校教員の業務量の適切な管理等に関する指針」に格上げされ，給特法 7 条に定められた。指針のもとになったガイドラインは，教員が

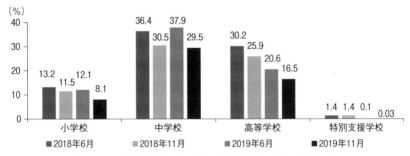

図9-7　時間外在校等時間が月80時間超の公立学校教諭の割合
（千葉県教育庁教育振興部教職員課，2020）

教育活動に関する業務でその業務に費やした時間が把握できるものを「在校等時間」と定義した。そのうえで，在校等時間から各学校が定める正規の勤務時間（1日：7時間45分，1週間：38時間45分）を引いた時間を「時間外在校等時間」とする。この時間外在校等時間を原則1か月で45時間以内，1年間で360時間以内にすることがガイドラインで定められた。例外として，児童生徒に関わる臨時的な特別な事情で業務を行わなければならない場合，時間外在校等時間は1か月で100時間未満，1年間で720時間以内とする。なお，この例外規定は①連続する2か月以上の時間外在校等時間が平均80時間以内，②時間外在校等時間が45時間を超える月が年間6か月まで，という2条件を満たす場合に許容される。

　時間外勤務の上限規制導入を受けて，各地方自治体は2019（令和元）年度内に関連する条例や教育委員会規則を改正した。各地方自治体では，教師の労働時間を削減する取り組みが進められ，時間外在校等時間が月80時間を超える教師の割合が減少しているところもある（図9-7）。

　給特法改正のポイントの2点目は，公立学校で働く教師に1年単位の変形労働時間制を導入することである。教師の仕事を1年単位でとらえると，忙しい時期（繁忙期）とそうでない時期（閑散期）がある。2017（平成29）年に厚生労働省と文部科学省が行った「教職員の勤務時間と働き方に関する調査」では「最も忙しい月」として回答が最多であったのは年度初めの「4月」で，最少は夏期休業期間中の「8月」であった。1年単位の変形労働時間制とは，繁

忙期は正規の勤務時間を長くする代わりに，授業のない閑散期に休日を集中して設定することを目指すものである。2021（令和 3）年 4 月から地方自治体の判断で 1 年単位の変形労働時間制が公立学校で働く教師にも適用が可能になった。2020（令和 2）年度時点で，1 年単位の変形労働時間制導入に向けて条例を整備する予定であると回答した都道府県は 53.2％，政令指定都市は 10.0％であった（文部科学省，2020）。新型コロナウイルス感染症の拡大による条例整備の遅延も考えられるが，関連条例を整備するという都道府県・市が今後増える可能性がある。

　1 年単位の変形労働時間制そのものではないが，関連施策として，学校閉庁日の設定を紹介する。これはお盆期間や年末年始などに学校を休業させるものである。2020（令和 2）年度時点で都道府県の 95.7％，政令指定都市の 95.0％，市区町村の 97.2％ が学校閉庁日を設定している（文部科学省，2020）。

(2) 教職員の配置拡充

　教師の労働時間削減に向けて，少人数学級を求める声は根強い。さらに，新型コロナウイルス感染症の拡大で教室の「3 密」（密閉・密集・密接）を回避しなければならなくなった。こうした状況を踏まえて，2021（令和 3）年度から 5 年間をかけて，小学 2 年生から小学 6 年生までの学級を最大 35 人までとすることになった。これによって，小学校全学年で 35 人学級が実現された（8 章も参照）。

　また，小学校高学年に教科担任制を導入することが，2021（令和 3）年 1 月に中央教育審議会の答申で提言された。その目的の 1 つには，小学校教師の担当授業時数の削減があり，2022（令和 4）年度を目途に本格実施が予定されている。

　教師以外の職員についても配置が進んでいる。スクールカウンセラーやスクールソーシャルワーカー（2，5，10 章も参照），部活動指導員（後述）に加えて，スクール・サポート・スタッフを置く学校が増えている。スクール・サポート・スタッフはプリントのコピー，掲示物の作成，行事や会議の準備・片付け，データ入力など教師の業務を補助する職員である。教師の業務負担軽減に寄与するという報告もあり（文部科学省，2020），2021（令和 3）年 8 月

に公布・施行された改正学校教育法施行規則に，「教員業務支援員」として定められた。

(3) 学校における ICT（情報通信技術）環境の整備（7，11，13 章も参照）

　2019（令和元）年 12 月，萩生田光一文部科学大臣（当時）は「子供たち一人ひとりに個別最適化され，創造性を育む教育 ICT 環境の実現に向けて」を表明した。個別最適化された学びを保障するために，児童生徒 1 人に 1 台の端末を支給し，学校への高速大容量通信ネットワークを整備することを求めたものである。いわゆる GIGA（Global and Innovation Gateway for All）スクール構想である。

　GIGA スクール構想には，学校の働き方改革に向けて教師が教育活動のために用いる統合型校務支援システムの整備も含まれる。これは，児童生徒の成績やその他指導に関わる評価，出欠管理，健康診断結果などをネットワーク上で共有するためのシステムである。今まで手書きで行っていた作業を端末上で行えるようになることで，成績処理や資料作成の時間が削減したという成果も報告されている（文部科学省，2020）。

(4) 部活動指導をめぐる改変（2，8 章も参照）

　部活動指導は中学校教師の長時間労働の原因とされ，その見直しが進められてきた。第 1 に，活動日・活動時間の規制である。2018（平成 30）年にスポーツ庁が策定した「運動部活動の在り方に関する総合的なガイドライン」では，活動日について，学期中は週 2 日以上の休養日（平日最低 1 日以上かつ土日最低 1 日以上）を設けることとする基準が定められた。あわせて，1 日の活動時間は，最大で平日が 2 時間程度，休業日が 3 時間程度とするように求めている。

　第 2 に，部活動指導員の配置拡充である。部活動指導員は，2017（平成 29）年に施行された学校教育法施行規則 78 条の 2 に新設された職である。その職務内容には技術指導に加えて，大会の引率も含まれる。2020（令和 2）年度時点で，部活動指導に部活動指導員などの外部人材の参画を図っているという都道府県と政令指定都市は 100% で，市区町村では実施中が 64.3%，実施に向けて検討中が 19.8% であった（文部科学省，2020）。各地で部活動指導員の配置

が進められている。

4　おわりに—教育の改善に向けて教師のワーク・ライフ・バランスを確保する

　本章は教師の WLB をめぐる現状とその確保に向けた国や地方自治体の取り組みについて述べてきた。長時間労働など教師の WLB をめぐる状況は厳しいものである。他方で，教師の生活満足度に関する状況を踏まえると，教師は過酷な仕事から達成感も得ていることが推測できる。教師の仕事は児童生徒を相手とする難しさもあるが（10 章も参照），同時にやりがいも感じられるというアンビバレントなものである。

　しかし，教師が仕事から満足感が得られたとしても，長時間労働が教師の身体的健康に悪影響を及ぼすことは看過できない。教師が体調を崩してしまったとき，その影響は家族に及ぶだけにとどまらない。学校で働く同僚や担当する児童生徒にも影響が及ぶ。長時間労働で教師が健康を害してしまうことは，学校教育ひいては社会にとって大きな損失をもたらす。

　また，長時間労働で教師が家族と過ごす時間を確保できず，家族関係が悪化する。そのことで，教師が悩みストレスを抱えてしまうと，その影響は教師としての仕事にも波及しかねない。ワーク・ファミリー・コンフリクト（仕事と家庭の対立）といわれるものである。さらに，教師が目の前の仕事ばかりにとらわれすぎて視野が狭くなり，創造性を発揮できなくなるようなことは，学校教育や社会にとってやはりマイナスだろう。

　教師の WLB を確保することは，教師自身やその家族を守ることだけではなく，学校教育や社会を守ること，学校教育の改善にもつながる。こうした視点を教師一人ひとりが意識し，また社会全体が教師の WLB について考えることが今まさに求められている。

参考文献

千葉県教育庁教育振興部教職員課（2020）．令和 2 年度第 2 回「教員等の出退勤時刻実態調査結果（速報値）」について【概要】千葉県教育庁 Retrieved from https：//www.

pref.chiba.lg.jp/kyouiku/syokuin/kanri/documents/r1-11kinmuzittaityousa.pdf（2021
　　年 3 月 31 日）
公益財団法人連合総合生活開発研究所（編）（2016）．とりもどせ！教職員の「生活時間」
　　——日本における教職員の働き方・労働時間の実態に関する調査研究報告書——
　　公益財団法人連合総合生活開発研究所 Retrieved from https：//www.rengo-soken.or.
　　jp/work/bcf009507f36983a485217ed230437e742fb5082.pdf（2021 年 3 月 31 日）
リベルタス・コンサルティング（編）（2018）．「公立小学校・中学校等教員勤務実態調査
　　研究」調査研究報告書 Retrieved from https：//www.mext.go.jp/component/a_menu
　　/education/detail/__icsFiles/afieldfile/2018/09/27/1409224_005_1.pdf（2021 年 3 月
　　31 日）
宮城県教育委員会（2017）．平成 30 年度宮城県公立学校教員募集案内　宮城県教育委員
　　会 Retrieved from https：//www.pref.miyagi.jp/uploaded/attachment/608133.pdf
　　（2021 年 3 月 31 日）
文部科学省（2020）．令和 2 年度　教育委員会における学校の働き方改革のための取組状
　　況調査【結果概要】文部科学省 Retrieved from https：//www.mext.go.jp/content/
　　20201224-mxt_zaimu-000011455_1.pdf（2021 年 3 月 31 日）
佐藤博樹・武石恵美子（編著）（2011）．ワーク・ライフ・バランスと働き方改革　勁草
　　書房
山口一男（2009）．ワークライフバランス——実証と政策提言——　日本経済新聞出版社
鷲谷　徹（2009）．日本の労働時間問題　労務理論学会誌, *19*, 43-59.

10 章

生徒指導と教師のメンタルヘルス
―持続可能な生徒指導のあり方を考える

1 はじめに

　これまで過ごした学校生活の中で，授業以外で学校の先生と関わった場面を振り返ってみよう。例えば，先生に日頃の生活上の悩みを相談した，先生から進路について助言を受けた，あるいは同級生とけんかし，先生に叱られたことがある人もいるかもしれない。教師は毎年度複数の児童生徒を受け持つことから，いま皆さんが思い浮かんだようなことを同時期に複数の児童生徒に行っている。このような一連の営みは生徒指導といわれる。

　生徒指導は教師としての仕事のやりがいにつながる場合もあるが，社会の変化に伴い，児童生徒をめぐる課題が複雑化・多様化している。こうした中で，仕事に悩み，メンタルヘルスを悪化させる教師が一定数存在する。本章はまず生徒指導に関わる児童生徒をめぐる課題やニーズとして，いじめの問題，不登校，特別支援教育・インクルーシブ教育，子どもの貧困に着目する。そのうえで，こうした児童生徒をめぐる課題やニーズの複雑化・多様化が教師のメンタルヘルスに与える影響について解説する。

2 生徒指導とは何か（5章も参照）

　生徒指導は，学習指導とともに，学校の教育目標を達成するために重要な機能をもち（文部科学省，2010），学校のあらゆる場面で教師が行う教育的な営みである。例えば，各教科の授業で学習態度，マナーやルールに関する指導を

行う。学級活動，児童会・生徒会活動，学校行事などの特別活動，部活動といっ
た集団活動の場面で教師が児童生徒に働きかける。進路指導のほか，いじめ，
不登校，非行などを受けて当事者の児童生徒に個別的に行う指導や教育相談も
生徒指導に含まれる（岩城・森嶋，2008）。

　日本の学校では生徒指導は当たり前のものであるが，世界に目を向けると決
してそうではない。例えば，初等教育（日本の小学校教育に相当）に着目する
と，日本を含むアジア諸国ではクラブ活動，児童会活動，学級活動，学校行事
といった特別活動が広く行われている。他方で，ヨーロッパ諸国では児童会活
動や学校行事はほとんど行われない（吉田ら，1993）。また，日本では生徒指
導や進路指導を教師が担うが，欧米諸国ではこれらをスクールサイコロジスト
（臨床心理士）が担う（藤原，2018）。日本の特徴として，教師が学習指導のみ
ならず生徒指導も担当する点が挙げられる。

3　複雑化・多様化する児童生徒をめぐる課題とニーズ

　近年，社会の変化とともに児童生徒の課題やニーズが複雑化・多様化してい
る。ここでは，いじめの問題，不登校，特別支援教育・インクルーシブ教育，
子どもの貧困の4つに着目する。

(1) いじめの問題

　日本では，1980年代にいじめが社会問題として認知され始めた。その後も，
約10年ごとにいじめを理由とした児童生徒の自死事案が社会的に注目され，
国や地方公共団体の対策が進められてきた（森田，2010）。

　日本でいじめの問題が注目される契機になったのが，1986（昭和61）年に
中学2年生の男子生徒が自死した事案である。この事案を受けて，文部省（当
時）ははじめていじめを定義するなど，いじめの問題への対策を迫られた。

　しかし，1994（平成6）年に中学2年生の男子生徒がいじめにより自ら命を
絶つ事案が再び発生した。それまでいじめの当否は学校によるその事実確認の
有無に依存するものであったが，1994年度より被害児童生徒の視点からいじ
めの当否を判断することになった。この方針は現在も続いている。また，1995

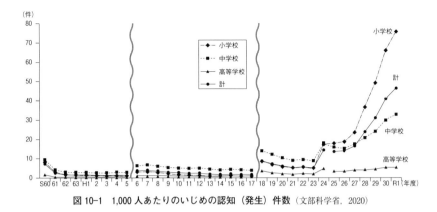

図 10-1　1,000 人あたりのいじめの認知（発生）件数（文部科学省，2020）

（平成 7）年よりスクールカウンセラーの配置などによる学校の教育相談体制が強化された。

　その後も，2000 年代半ばに，いじめによる児童生徒の自死事案が各地で発生した。2006（平成 18）年 11 月，当時の第一次安倍晋三内閣が設置した教育再生会議は「いじめ問題への緊急提言」を行った。従来の対応はいじめの被害者への心理的ケアに重点を置いてきたが，この提言では加害者責任を軽視してきた点が課題に挙げられ，加害者への懲戒や指導を強化する案が示された。

　以上のようないじめの問題への対策の歴史は，文部科学省の調査統計からもうかがえる。図 10-1 は，文部科学省「児童生徒の問題行動・不登校等生徒指導上の諸課題に関する調査」（以下，問行調査，2019 年度）が示すいじめの認知（発生）率の推移（1,000 人あたりの認知件数）である。この図では，平成 5（1993）年と平成 6（1994）年，平成 17（2005）年と平成 18（2006）年，平成 24（2012）年と平成 25（2013）年のそれぞれの間に境目が記されている。これはいじめの定義や統計の集約方法が変わり，境目の前後で数値を比較できないことを表しており，いじめの問題への対策が進められてきたことを物語っている。

　さて，図 10-1 を参照すると，先述の通り，直近では 2012（平成 24）年と 2013（平成 25）年の間に境目がある。これはいじめ防止対策推進法の制定によるものである。この法律が制定された背景には，2011（平成 23）年 10 月に滋賀県大津市で発生した中学 2 年生の男子生徒が自死した事案がある。亡く

なった男子生徒がいじめの被害を受けたという証言が複数あったのにもかかわらず，教育委員会や男子生徒が通っていた中学校も適切な対応をとらなかった。そのことでこの事案は社会問題化し（共同通信大阪社会部，2013），いじめの問題における教育委員会や学校の責任の明確化と，いじめの問題への対策強化を求める声があがり，2013（平成25）年にいじめ防止対策推進法が成立した。この法律はいじめの防止等のための対策に関する基本理念，国・地方公共団体・学校の責務等を定めており，現在同法に基づいたいじめの問題への対応が教育委員会や学校に求められている。

2019（令和元）年度のいじめの認知件数は，児童生徒1,000人あたりで小学校が75.8件，中学校が32.8件，高等学校が5.4件で，いじめの認知件数は小・中学校で増加している（図10-1）。文部科学省はいじめの認知件数の多さを，初期段階で学校がいじめの問題に積極的に対処したためと肯定的に評価しているが，いじめの認知件数の増加は，教師によるいじめの問題への対応の増加を意味する。いじめの問題への対応により，教師の業務負担が増大している可能性がある。

(2) 不 登 校

不登校は「何らかの心理的，情緒的，身体的，あるいは社会的要因・背景により，児童生徒が登校しないあるいはしたくともできない状況にあること（ただし，病気や経済的な理由によるものを除く）」と定義される（国立教育政策研究所生徒指導研究センター，2009）。文部科学省「学校基本調査」での不登校児童生徒の要件は，1990（平成2）年度まで「年間50日以上の長期欠席」であったが，1991（平成3）年度以降は「年間30日以上の長期欠席」に緩和された。これに伴い，学校が対応しなければならない不登校の領域が拡大した。

図10-2は，1991（平成3）年度以降の小・中学校での不登校児童生徒数の推移を示したものである。2019（令和元）年度の不登校発生率は，小学校が0.83%（120人に1人），中学校が3.94%（25人に1人）であった。小学校より中学校の不登校発生率が高く，中学校では各学級に1人以上の不登校が発生する数値である。中学校で不登校発生率が高まる現象は中1ギャップといわれ，小中一貫教育を推進する理由に挙げられる。ただし，最新の不登校研究によれば，中

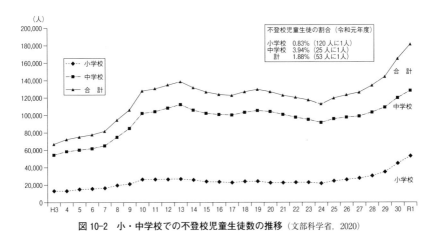

図 10-2　小・中学校での不登校児童生徒数の推移（文部科学省，2020）

　学 2 年生以降で不登校発生率が増加する学校は全体の 4 割程度存在する（青木ら，2020）。小学校から中学校への移行による環境の変化に注目するあまり，中学生の不登校を引き起こす他の要因を見落とさないように注意することが大切である。

　不登校児童生徒への支援については，2016（平成 28）年に成立した「義務教育の段階における普通教育に相当する教育の機会の確保等に関する法律」（教育機会確保法）に定めがある。この法律は不登校児童生徒等に対する支援の充実と教育機会の確保に向けた必要な措置を国や地方公共団体に求めるものである。同法を受けて，文部科学省は一定の要件を満たした場合には，フリースクールへの通学やオンライン学習を登校による出席と同様の扱いにすることを教育委員会などに求める通知を発出した。また，同法は不登校児童生徒に対する支援の目標を学校復帰だけに求めず，必要に応じて児童生徒が一定期間学校を休むことも許容する。教育機会確保法の特徴として，学校に通うことだけが学びの機会を保障するものではないことを示した点が指摘できる。

(3) 特別支援教育・インクルーシブ教育（序章も参照）

　長らく日本では，障害のある児童生徒に対する教育は特殊教育（障害の種類に応じた教育）として行われてきた。視覚障害のある児童生徒は盲学校に，聴覚障害のある児童生徒は聾学校に通うというのが一般的であった。

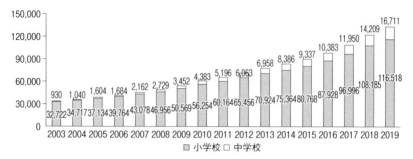

図 10-3 通級による指導を受けている公立小・中学校児童生徒数の推移

　しかし，重複障害のある児童生徒の増加や，発達障害といった新たな支援の
ニーズの高まりから従来の特殊教育では十分な対応が難しくなった。このよう
な背景から特別支援教育が導入された。特別支援教育は児童生徒一人ひとりが
もてる力を高め，生活・学習上の困難を改善・克服するために適切な指導や必
要な支援を行うものである。2007（平成 19）年 4 月，盲学校などの特殊教育
諸学校は特別支援学校に再編され，今日に至る。

　さらに，2010 年代以降，インクルーシブ教育の推進が重視されている。2012
年の中央教育審議会「共生社会の形成に向けたインクルーシブ教育システム構
築のための特別支援教育の推進（報告)」では，多様性を尊重した全員参加型
の社会である共生社会の実現，障害のある者と障害のない者がともに学ぶイン
クルーシブ教育システムの構築を推進する必要があると提言された。

　この報告を受けて，2013（平成 25）年に認定特別支援学校就学者制度が導
入された。それまで障害のある就学予定者は原則，特別支援学校に通うことと
された。しかし，この制度の導入によって，特別支援学校に就学する者は，市
町村教育委員会が障害の状態，教育上必要な支援の内容，教育体制の整備状況
などを考慮して適当である者に限られるというものになった。同制度の導入に
伴い，従来は小・中学校に通うことができなかった児童生徒も，小・中学校に
就学することが可能となった。

　これによって，文部科学省「通級による指導実施状況調査結果について」(2017
-2019 年度）が示すように，通級による指導を受ける公立小・中学校児童生徒
数が増加している（図 10-3)。通級による指導とは，授業の大部分は通常の学

級で受けるが，一部の授業は児童生徒の状況に応じて通常の学級以外で個別に指導を受けるというものである。通級による指導を受ける児童生徒数の増加は，インクルーシブ教育の推進によってもたらされた成果といえる。

(4) 子どもの貧困（序章も参照）

　経済的理由で就学が困難な児童生徒を支援するために，教育扶助と就学援助が整備されている（鳫，2009）。教育扶助は生活保護世帯の児童生徒（要保護児童生徒）の学校給食費，通学用品費，学用品費等を扶助するものである。就学援助は要保護児童生徒に加えて，これに準ずる程度に困窮していると市町村が認定した児童生徒（準要保護児童生徒）に行う経済的援助である。具体的には，教育扶助で支給されない修学旅行費を要保護児童生徒に支給し，準要保護児童生徒に学校給食費，通学用品費，学用品費，修学旅行費を援助するものである。

　2000 年代後半以降，子どもの貧困が社会問題として認識されるようになった。文部科学省の調査（図 10-4）が示すように，1990 年代と比べて，2000 年代後半以降の教育扶助や就学援助を受ける児童生徒数は多い。就学援助を受ける児童生徒の割合（就学援助率）も，1995（平成 7）年は 6.1％ であったが，2000 年代後半以降は 15％ 前後で推移している。また，厚生労働省「国民生活基礎調査」（2019 年）では，子どもの貧困率（世帯人数を考慮した等価可処分所得の中央値に満たない相対的貧困の状態にある 17 歳以下の子どもの割合）が 13.5％ であり，17 歳以下の子どもの約 7 人に 1 人が相対的貧困であることが示された。

　このような状況を受けて，2013（平成 25）年に「子どもの貧困対策の推進に関する法律」（子どもの貧困対策推進法）が制定された。同法の制定を受けて，子どもの貧困対策に関する具体的な目標や施策を記す「子供の貧困対策に関する大綱」も定められた（法律と大綱はともに 2018（平成 30）年に改正・改訂された）。この大綱で，学校は子どもの貧困対策のためのプラットフォーム（子どもや保護者の教育・生活支援等の窓口）に位置づけられ（末冨，2016），子どもの貧困問題の解決に向けた学校の積極的な取り組みが期待されている。

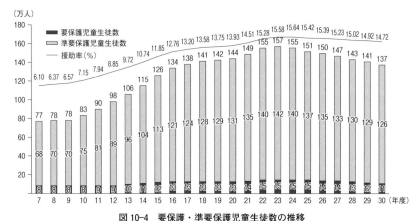

図10-4　要保護・準要保護児童生徒数の推移
（文部科学省初等中等教育局修学支援プロジェクトチーム，2020）

4　生徒指導と教師のメンタルヘルス

　労働者のメンタルヘルス（心の健康）対策は，どの職場でも重要である。労働安全衛生法は，従業員が50人以上の職場にストレスチェックを実施し，その結果を踏まえて従業員に対して医師による面接指導を行うよう義務づけている。

　労働者のメンタルヘルスをめぐる問題で，とりわけ注目されるのが対人援助職である。対人援助職とは医療，福祉，教育など人を相手にする職業に従事する労働者のことで，教師もその1つである。

　図10-5は，公立学校教員の在職者に占める精神疾患による病気休職者割合（以下，精神疾患による病気休職率）の推移を箱ひげ図にまとめたものである。各年度で都道府県ごとに公立学校教員の精神疾患による病気休職率を算出し，割合の高い都道府県が上から順に図示されている。箱ひげ図の箱は47都道府県の真ん中50％がこの範囲に位置することを表す。また，箱の上部に伸びる線（ひげ）は上位25％に位置する都道府県の範囲を示し，箱の下部に伸びるひげは下位25％に位置する都道府県の範囲を表す。この図から，公立学校教員の精神疾患による病気休職率は1990年代後半から2000年代半ばにかけて増加し，都道府県の格差も拡大したことがわかる。2000年代半ば以降，公立学

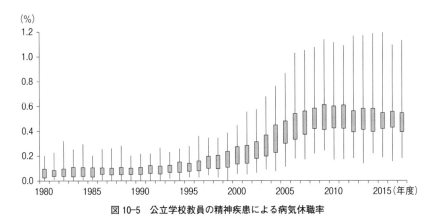

図 10-5　公立学校教員の精神疾患による病気休職率

校教員の精神疾患による病気休職率の中央値は 0.5% 前後で推移している。

　また，対人援助職のメンタルヘルスに関する議論では，バーンアウト（燃え
尽き症候群）に焦点を当てるものが多い。バーンアウトとは極度の身体的疲労
と感情の枯渇をもたらすもので，対人援助職の職業病といわれる（田尾，1995）。
対人援助職のバーンアウト発生要因には，対人サービスを提供する相手（クラ
イエント）との人間関係に伴う負担があり，教師のバーンアウトも児童生徒と
の関係によって引き起こされることがこれまでの研究で示されている。

　したがって，2 節でみたような児童生徒をめぐる課題やニーズの複雑化・多
様化によって，教師のメンタルヘルスは悪化することがうかがえる。図 10-6
は，47 都道府県の公立学校教員の精神疾患による病気休職率と公立小・中学
校不登校発生率について，2013（平成 25）年度と 2018（平成 30）年度の文部
科学省の統計で得られた数値の差をまとめたものである。ここで使用した統計
は，問行調査と公立学校教職員の人事行政状況調査である。この図が示すよう
に，公立小・中学校の不登校発生率が増加した都道府県では公立学校教員の精
神疾患による病気休職率も増加した。不登校という児童生徒に関わる課題への
対応が教師のメンタルヘルスに影響を及ぼすことが推察される。

　さらに，教育相談や特別な支援といった児童生徒への個別的な指導は，教師
に負担感をもたらしやすいことが示されている。文部科学省「第 1 回教員勤務
実態調査」（2006（平成 18）年）のデータを用いて，公立小・中学校教諭の行

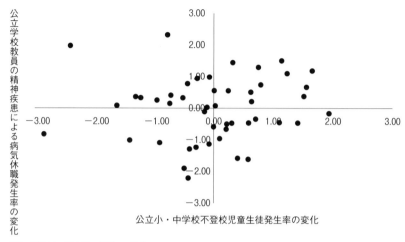

（注）2013年→2018年の増減・Z得点。

図10-6　公立学校教員の精神疾患による病気休職率と公立小・中学校不登校発生率の変化

う業務が1時間あたりでどの程度負担感をもたらすのかを分析した研究がある（神林，2017）。その結果，小・中学校ともに「生徒指導（個別）」は教論に負担感をもたらしやすい最上位群の業務であることが明らかになった（表10-1）。教師にとって負担が大きい業務の1つに保護者対応があるが，保護者対応と同様に，児童生徒への個別的な指導も教師に負担感をもたらすことが実証された。

　日本において生徒指導は教師の本分ともいえる。生徒指導を通じて，教師が自分の仕事にやりがいや達成感を感じることはもちろんある。だが，児童生徒をめぐる課題やニーズが複雑化・多様化する中で，これまでよりも生徒指導が教師にとって難しいものになっていることがうかがえる。生徒指導には教師自身のメンタルヘルスを悪化させるリスクがある点にも留意が必要である。

5　教師のメンタルヘルス対策の現状

　1990年代後半以降の公立学校教員の精神疾患による病気休職者の増加を受けて，2011（平成23）年に文部科学省は有識者から構成される「教職員のメンタルヘルス対策検討会議」を設置した。2013（平成25）年にこの会議によ

表 10-1　教諭の負担感への時間あたりの負荷量が大きい業務（神林，2017）

小学校	中学校
地域対応	生徒指導（個別）
生徒指導（個別）	保護者・PTA 対応
保護者・PTA 対応	学習指導
学校行事	生徒指導（集団）
学年・学級経営	校務としての研修

る「最終まとめ」がとりまとめられた。教師のメンタルヘルスを向上させるために，教師のセルフケアと学校でのラインケアの充実，業務の縮減・効率化，相談体制の充実，良好な職場の雰囲気づくり，復職支援の充実が必要であることが提言された。

　具体的に進められている対策として，ここでは 2 点紹介する。第 1 に，労働安全衛生管理体制の整備である。前記の労働安全衛生法の枠組みに基づき，各学校にも教職員に対するストレスチェックの実施と必要に応じて医師の面接指導を行うことが要請されている。学校の場合，教職員が 50 人を下回るところも多いが，国は学校の規模にかかわらずこれらの対策を進めることを求めている。

　第 2 に，「チームとしての学校」の推進である。児童生徒をめぐる課題の複雑化・多様化とこれに伴う教員の業務負担を軽減させる観点から，教員以外に多様な専門性をもつ職員の配置を進めようというのが，「チームとしての学校」である（2，5 章も参照）。中央教育審議会の答申を踏まえて，2017（平成 29）年に学校教育法施行規則が改正された。この改正により，これまで学校に配置されてきたスクールカウンセラー（65 条の 2）とスクールソーシャルワーカー（65 条の 3）の職務内容が法令にはじめて明記され，職員の配置が進められている（2，5 章も参照）。

6　おわりに─教師のメンタルヘルス対策の展望

　本章では，教師のメンタルヘルスについて生徒指導との関係に着目して述べてきた。教師のメンタルヘルスを保持・増進させる観点からすれば，児童生徒

が抱える問題や児童生徒の多様化したニーズに応え指導を行う場合には，教師がこうした個別的な生徒指導を抱え込まないことが重要になる。スクールカウンセラーやスクールソーシャルワーカーが配置されている学校でも，教師は児童生徒に関する仕事をなかなか手放さないことが明らかになっている（保田，2014）。しかし，教師ひとりの力には限界がある。また，教職員が複数の視点から児童生徒に指導・支援にあたることで，児童生徒のニーズに応えることにつながる場合もある。このような視点に立ち，複雑化・多様化する児童生徒の課題に対応できる持続可能な体制を構築していくことが今後の学校教育には求められよう。

　具体的には，教育行政には教職員の配置拡充，多様な課題とニーズをもつ児童生徒を指導・支援できる人材を確保していくことが挙げられる。学校には，校長や教頭といった管理職を中心に風通しのよい職場，すなわち何か困ったことがあるときに相談のしやすい職場を作ることが何よりも重要である。教師個人ができることとしては，困ったときに管理職や同僚に助けを求めることをためらわないことである。困ったことがあるときに誰かに助けを求めることに対する抵抗の度合いを表す概念として，被援助志向性というものがある。教育心理学では，被援助志向性があり周囲に助けを求めることに抵抗がない教師ほどバーンアウトの得点が低い，すなわちメンタルヘルスの状況がよいという結果も得られている（田村・石隈，2001）。

　9章で言及したワーク・ライフ・バランスの確保とともに，教師が自身のメンタルヘルスを良好な状態に保つことは，児童生徒に対する教育活動をよりよくすることにつながる。こうした観点から読者の皆さんにも持続可能な生徒指導のあり方をあらためて考えてもらいたい。

参考文献

青木栄一・遊佐　賢・後藤武俊（2020）．文部科学省「児童生徒の問題行動・不登校等生徒指導上の諸課題に関する調査」個票データの二次分析　東北大学大学院教育学研究科研究年報，*69*（1），17-42.

藤原文雄（編著）（2018）．世界の学校と教職員の働き方——米・英・仏・独・中・韓との比較から考える日本の教職員の働き方改革——　学事出版

厲　咲子（2009）．子どもの貧困と就学援助制度　経済のプリズム，*65*，28-49.

岩城孝次・森嶋昭伸（編著）（2008）．生徒指導の新展開　ミネルヴァ書房

神林寿幸（2017）．公立小・中学校教員の業務負担　大学教育出版

国立教育政策研究所生徒指導研究センター（編）（2009）．生徒指導上の諸問題の推移とこれからの生徒指導—データにみる生徒指導の課題と展望（生徒指導資料第 1 集（改訂版））　国立教育政策研究所 Retrieved from https://www.nier.go.jp/shido/centerhp/1syu-kaitei/1syu-kaitei090330/1syu-kaitei.zembun.pdf（2021 年 3 月 31 日）

共同通信大阪社会部（2013）．大津中 2 いじめ自殺——学校はなぜ目を背けたのか——PHP 研究所

文部科学省（2010）．生徒指導提要（平成 22 年 3 月）　文部科学省

文部科学省（2020）．令和元年度　児童生徒の問題行動・不登校等生徒指導上の諸課題に関する調査結果について　文部科学省 Retrieved from https://www.mext.go.jp/content/20201015-mext_jidou02-100002753_01.pdf（2021 年 3 月 31 日）

文部科学省初等中等教育局修学支援プロジェクトチーム（2020）．就学援助実施状況等調査結果　文部科学省 Retrieved from https://www.mext.go.jp/content/20200327-mxt_shuugaku-100001991_2.pdf（2021 年 3 月 31 日）

森田洋司（2010）．いじめとは何か——教室の問題，社会の問題——　中央公論新社

末冨　芳（2016）．子どもの貧困対策のプラットフォームとしての学校の役割　日本大学文理学部人文科学研究所研究紀要，*91*，25-45.

田村修一・石隈利紀（2001）．指導・援助サービス上の悩みにおける中学校教師の被援助志向性に関する研究——バーンアウトとの関連に焦点をあてて——　教育心理学研究，*49*（4），438-448.

田尾雅夫（1995）．ヒューマン・サービスの組織——医療・保健・福祉における経営管理——　法律文化社

保田直美（2014）．学校への新しい専門職の配置と教師役割　教育学研究，*81*（1），1-13.

吉田正晴・二宮　皓・福伊　智・猪崎誠也・藤井貴道・佐々木司・渡辺雅弘・石田憲一（1993）．「特別活動」に関する国際調査——初等教育を中心として——　比較教育学研究，*19*，113-127.

第4部　これからの社会と教師

11 章
教師としての成長・発達

1　はじめに

　いま，教師という仕事には，高度で総合的な専門性が求められている。「教育内容」の専門性，「教育方法」の専門性はもとより，「子ども理解」の専門性も必要である。新任の教師から，熟練の教員まで，教師は，どのような経験をして成長・発達していくのだろうか。そこにどのような協働省察（リフレクション）の環境が必要なのだろうか。この章では，この問題を考えたい。

2　予測困難な社会の教師像

　一般に，学校の教師は，子どもに何かを教える人（teacher）であると同時に，子どもに何かを育む人（educator）である。ティーチャーとして成長・発達するためには，教えるべき文化（教養）としての教育内容・教科内容を学び続けなければならない。エデュケーターとして成長・発達するためには，子ども理解（児童生徒理解）の深さと，それに基づくケアと指導・支援について学び続けなければならない。

　特に，今日，子どもたちが予測困難な社会や答えのない世界をどう生きるのか，という問いも生まれている。そうだとすれば，子どもたちに教える内容とその指導も，刻々に再吟味することが求められる。また，現代社会を生きる親（保護者）の生活・経済条件の格差が拡大し，貧困，暴力，虐待などの問題も深刻化している。このような状況下では，複雑な社会状況を生きている子ども

への深い理解と，それに基づく生徒指導（教育相談・進路指導等も含む）も，日々問い直しが求められている。

例えば，つい数年前に教えていた教育内容（特に知識・技能など）とその教え方が，数年後には，根本的に問い直され，更新されているかもしれない。もちろん知識・技能とその教え方の中には，汎用性の高い人文学的教養や，一般教授学の原理のようなものもある。その一方で，更新のスピードが速いものもある。DX（デジタルトランスフォーメーション）とICT（情報通信技術）を活用した教育が進み，人々の学習環境が著しく変化しつつある昨今，短期に効率よく修得した特殊な知識・技能とその教え方は，数年後には意味をもたなくなるかもしれない。

また，子どものいわゆる「問題行動」や，子どもからの「援助要請」に関する生徒指導の思想や一般原則もある。子ども理解（児童生徒理解）があらゆる生徒指導の前提であること，子どもの生命と人権を守ることが最優先であること，子どもの主体的な自己活動（自己指導能力の形成）のための傾聴・対話・自己決定を重視すべきことなどは，汎用性の高い生徒指導の原則である。それらは，文部科学省の『生徒指導提要』（2010）にも明示されている。しかし，その理念としての汎用性の高さは，即興性を求められる生徒指導の臨床的実践力の高さにすぐに結実するわけではない。

3 「強さ」と「弱さ」をもつ教師像

ティーチャー（教える者）としての専門性と，エデュケーター（ケアしつつ育む者）としての専門性は，ひとりの教師において，互いに深く結びついている。教える者が教える者としてその専門性が発揮できるようになったとき，結果として，子どもの人生を，その根本からケアし，育むことができるようになることがある。ひとりの子どもの人生に専門的距離（professional distance）をもって寄り添い，ケアと育みの専門性が高い教師は，しばしば教える者としての専門性も高い場合がある。しかし，実際には，ティーチャーとして専門性が高いのに，子どもたちの尊厳ある人生のエデュケーターとしての専門性が決して高いとはいえない教師もいる。反対に，エデュケーターとしての専門性が

高いにもかかわらず，学びを組織するティーチャーとしての専門性の高さが伴わない教師もいる。

このように，ひとりの人間が教師になったとき，その持ち味として，ティーチャーとしての専門性とエデュケーターとしての専門性は，深く結びつきながらも，両者は，いつも動的・弁証法的な関係にある。一人ひとりの教師の持ち味は，そもそもでこぼこしていることが自然である。ひとりの教師には，「強さ」もあれば，「弱さ」もある。それがあらゆる教師で異なっている。しかも，ひとりの教師が，教職1年目（初年度）に，小学校，中学校，高等学校，養護学校などで，教師になった（初任の）とき，その教師が，それぞれの学校において，高い専門性をもって「即戦力」になることは極めて難しい。

4　協働の学び合いを生きる教師像

（1）傾聴と語り合い

教師が，その生涯を通して，ティーチャーとしてもエデュケーターとしても専門性を高め，ひとりの教師として成長・発達するためには，成熟した生涯学習社会において絶えざる学びの機会が保障されなければならない。そして多くの場合，教師の学びは，現職として働きながら協働で学び合う場において遂行される。その1つの場が，リカレントとしての大学院教育である。

以下，約18年間，私が某国立大学の大学院で，現職教師と協働で学び合う場において経験したエピソードを紹介したい。そのことを通して，ひとりの教師が，どのような問いをもって成長・発達しようとしていたのか，教師にとって成長・発達とは何か，という問いを探究したい。

2002（平成14）年10月以降，小学校，中学校，高等学校の現職の教師が，某国立大学の大学院において，協働で学び合ったのは，夜間（18：00～21：00）に開講されていた「臨床生徒指導特別演習」の時間であった。私（大学教員）が担当したこの演習の概要は，次の通りであった。

まず，受講生は，自分が過去に観察・感受した教育経験—その多くは困難を伴った生活経験—に基づいて，自己の体験を1つの逸話（エピソード）として語り直す。その場を共有する参加者は，その語り手の語り・物語を，無条件の

肯定的関心をもって傾聴し，対話に参加する。

　そこで大切にしていたのは，安心と安全が保障された学習環境であった。私が教師教育者として最も配慮していたのは，ある語り手の複雑な教育経験を傾聴している受講者が，語り手の語りを，啓発的に批評することなく，また，無関心に傍観することなく，語り手と聴き手が，あたかもその語られた出来事の場にいるかのような臨場感をもって追体験（イメージ体験）できるような環境を演出しつつ構成することであった。その背景にある理論は，ヴィゴツキー（Vygotsky, L. S.）の「情動体験の共同表象化」に関する考え方であった。

　このような演習において，教師教育者である私が意識していたことは，擬似演劇舞台を演出しつつ，参加者同士が，身体的な言語としての性格が強い詩的言語を交わし合い，その聴き合いと語り合いを組織することであった。例えば，次のような約束事のもとで，多声楽的な対話（Bakhtin, M.）を演出し，複雑な教育実践の総体を再解釈し，再設計（リデザイン）できるように舞台演出を行っていた。

　それは，「聴き手は，語り手によって物語られている登場人物の理解に意識を集中し，物語る人の指導や支援のあり方への価値づけは一旦保留すること」，「語られている他者としての登場人物がそのとき感受していたと推察される生活世界を，わかりはじめた複数の文脈の中で想像してみること」，「語り手を教育的に説論したり，自分の狭い価値観で評価したりすることは厳に謹んで，その語り手の経験を追体験しつつ理解するための『問い』を大切に交流し合うこと」などであった。それは，北欧のオープンダイアローグの思想を教師教育に応用する試みでもあった。

(2) 自己の根源的問いに触れる

　多忙な教育現場で働きながら，大学院へ進学し，教育臨床分野（臨床教育学）を学びつつ研究を深めたいと願う教師や発達援助者たちの修学動機は様々であった。例えば，ある中堅の A 教諭（小学校勤務）は，この分野に関心をもつ契機となった自己のライフヒストリーを次のように語った。

　「自分が若いときは，とにかく子どもと一緒に遊ぶことで，子どもはつい

てくると思っていたし，実際，一生懸命遊んだらついてきてくれたのです。ただ，30歳を少し過ぎると，授業の力がないと，子どもたちはついてこないと思ったので，私も懸命に授業の力をつけるように研鑽を積んだのです。…けれども，段々，それで良いのかということを思うようになったのです。…それまでは，それほど不安なんか感じたことがないくらいに突っ走っていました。不安を感じたことがよかったのかどうかはわからないのですが，不安を感じたことによって，この大学院になぜかレールが敷かれて，ここに来ることになったのです。きっと『赤い糸』だったのです」

　A教諭は，新任のときは「若さ」で子どもを惹きつけることができたと感じていた。しかし，それだけではうまくいかない現実に直面した。だから授業の力量をつけようと思い，懸命に努力した。ところが，やがてそれでも「何かがうまくいっていないのではないか」という不安が生まれた。それが，困難を抱えた子どもへの理解と支援に関する問題意識になった。これが，A教諭の教師人生における「問い」の歴史だった。その延長上に，大学院における協働の学び合いとの出会いがあったと，振り返って語ってくれた。

(3)「子ども理解」の叡智を求めて

　一方，あるベテランのB教諭（小学校勤務）は，大学院での演習（協働の学び合い）への参加に至った自らの足跡を，次のように語った。

　「私が大学院に入学したのは，50歳をもうすぐ迎えるときでした。それなりに実績も積んできたし，職場ではだれも私に反論する人もいなくなってしまったし，自分が言うことはすんなりと通ってしまうし，だれも私を変えてくれる人はいなくなってしまったように感じていました。そのときに，このままでは駄目だと思ったのです。……もう1つは，子どもの困難を抱えている姿がすごく複雑になって，私が経験的に理解する範疇を超えてしまうような出来事がとても多くなって，もっと自分にそういう子どもを理解する力があって，その適切な援助の仕方がわかっていれば，きっともっとよい方向に行けるのではないか，というような思いがたくさん蓄積して

いたのです。…その体験からもっと子どもを深く理解する視点がほしかっ
たのです。それがまず大学院へ，という思いに火をつけたような気がして
います」

　長い教師人生の中で，豊かな経験を積み，同僚や保護者からもその力量が認
められるようになったB教諭は，さらに自己をよりよく変えてくれる「何か」
を求め続けていた。その1つの重要なテーマが，もはや個人の経験だけでは対
応することが難しい「子ども理解」の深さと，そのケアと支援・指導という課
題であった。それが大学院で協働の学び合いを経験することへの重要な動機と
なったと語ってくれたのである。

(4) 自己物語を聴きとられる経験

　現職教師としての大学院生は，自己の成長のための「問い」や，現実の複雑
な問題に関する深い「問い」を抱いて大学院へ入学し，実際の職場にも責任を
もちながら，夜間を中心に授業を受講している場合が多い。待ったなしの現実
を背負いながらの夜間の履修は，想像を超える困難の連続であったに違いない。
そのような大学院生を多く受け入れる演習や修士論文指導では，まず，教師の
「自己物語」を徹底して聴きとるということを，協働の学びと探究へのはじめ
の一歩として重視してきた。
　ある中堅のC教諭（高等養護学校勤務・男性）は，このようなプロセスで
進められた修士論文の構想と執筆の内的体験を，次のように語った。

　　「この研究室に入ると，何かホッとする。ここで私の話を一緒に考えてく
　　ださると，自分の周りに保護された空間というか，周りの雑音がすっと消
　　えて，一緒に話している事柄の世界に入れるというか……集中力がぐっと
　　高まっていく。その空間の中で，職場では浮かばなかったことが，『こん
　　な言葉や視点で考えてみたらどうだろう』と言われたことによって，ふっ
　　と思いが浮かんできたりする。私にとっては，これがすごい体験だったと
　　思います」
　大学院で授業を担当する教員として，私が最も大切にしてきたのは，院生＝

現職教員の一回性の声を聴きとることであった。尊厳ある他者の声を，丁寧に「聴きとり・聴きとられる」という体験なしに，自己の揺れる感情に穏やかに触れ，かけがえのない自己の根源的問いや，それに連なる研究主題をかたどっていくことは難しいと考えたからである。

　もとより，自己の揺れ動く感情に触れ，そこで生まれつつある問いを保持したまま，教育に関わる実践を対象化し，それを理論や概念として構築していくことは，決して容易な仕事ではない。指導教員から一方的に付与されることも，巧妙に誘掖されることもなく，自己の感情の動きと響き合う問いを発見し，それをある学術的テーマへと結晶させていく過程は，大学院生にとっては，深い葛藤を伴う自己格闘のプロセスにならざるをえないことも多い。

　現場を生きる教師には，その当事者として，時々刻々と実感をもって感覚している複雑な世界がある。現職教師としての院生は，その一回性の体験が，学術研究という文脈の中で，どのように位置づけられるのかを探し求めている。そのような教師の体験を虚心坦懐に聴きとりながら，大学教員としての私は，教育現場の「言葉のジャンル」で語られた体験から，教育学的に意義のある枠組みを抽出し，それを学術研究の「言葉のジャンル」へと翻訳しながら問いかけることを続けた。それは，研究者が探索的に提示した予備的概念を「足場」にして，教育学的に意義のある建物を構築し合う足場かけ（scaffolding）に喩えることもできる（13 章も参照）。

5　北欧の PGM—探究的専門性のある教師像（2 章も参照）

　一方，北欧のフィンランドにも，協働的な学び合いを重視した大学院演習がある。フィンランドの教師教育実践として構想されたピア・グループ・メンタリング（以下，PGM と記す）は，大学・大学院における教育実習等で，教育実践を経験した学生（学修者）と教師教育者（メンター）が，理論的・実践的知識の協働的な探究者として対等・平等な関係（peer-interaction）を構築することを通して，それぞれの専門性を高度化することを目指した教師教育実践である。この場合，対等・平等（ピア）な関係性は，教師教育者と学修者との間だけでなく，学習経験に差異がある学修者同士の間でも構築される。いずれ

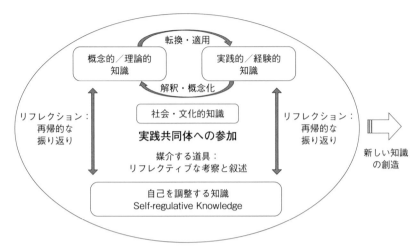

図 11-1　教育学におけるピア・グループ・メンタリングの構図
（Kemmis & Heikkinen, 2012 に基づいて一部意訳して筆者が作成）

　の場合も，一方向の啓発的なメンタリングではなく，双方向の相互啓発的なメンタリングを志向するところがフィンランドの PGM の特徴である。

　PGM では，次の3つの位相で省察的実践の「語り口」が生まれることが期待されている。1つ目は，話者（語り手）の独話的な語り口が揺さぶられ，対話的な語り口になることである。ある話者（語り手）の自己の内側で閉ざされた語り口が，他者へ開かれた語り口となり，さらには，その語り口そのものを俯瞰してメタ認知する語り口も生まれてくる。2つ目は，話者（語り手）の独善的で啓発的な語り口が問い直され，相互の存在論的承認を前提とした，多元的で価値探究志向の強い語り口である。3つ目は，一方向的な情報伝達志向の語り口が崩されて生まれる，双方向的な情報媒介志向の語り口である。それは，ある状況における出来事を，登場人物の内の目と外の目からとらえ直し，あたかもその場に居合わせたかのようにイメージ体験（共体験）をする文芸学的な語り口に開かれている。そのような語り口が交響し合うことを通して，それぞれの教師像が，再構築されていくのである。

　あなたにとって「よい教師」とは，どのような教師像だろうか。博識で教養のある教師だろうか。人間として魅力のある教師だろうか。授業の教え方がう

まい教師だろうか。それとも，子どもの人生に寄り添い，子どもと共に学び合うことを大切にしてくれる教師だろうか。

　今日，学校の教師には質の高い専門性が求められている。教師という仕事に求められる高度な専門性とは何か。そのコアとなる資質や能力とは何か。本章で語ってくれた諸先輩がたが経験した協働の学び合いの経験に触れて，あなたらしい教師の成長・発達像（イメージ）を考えてみてほしい。

参考文献

Bruner, J. S.（1996）. *The culture of education*. Cambridge, MA : Harvard University Press.（岡本夏木・池上貴美子・岡村佳子（訳）（2004）. 教育という文化　岩波書店）

Kemmis, S., & Heikkinen, H. L. T.（2012）. Future perspectives : Peer group mentoring and international practices for teacher development. In H. L. T. Heikkinen, H. Jokinen, & P. Tynjälä（Eds.）, *Peer-group mentoring for teacher development*（pp. 144 −170）. London : Routledge.

Korthagen, F. A. J.（Eds.）（2001）. *Linking practice and theory : The pedagogy of realistic teacher education*. Lawrence Erlbaum Associates.（武田信子（監訳）（2010）. 教師教育学—理論と実践をつなぐリアリスティック・アプローチ　学文社）

西郷竹彦（1989）. 文芸学辞典　明治図書

Seikkula, J., & Arnkil, T. E.（2014）. *Open dialogues and anticipations : Respecting otherness in the present moment*. Helsinki : National Institute for Health and Welfare.（斎藤　環（監訳）（2019）. 開かれた対話と未来—今この瞬間に他者を思いやる　医学書院）

庄井良信（2014）. いのちのケアと育み—臨床教育学のまなざし　かもがわ出版

田中孝彦（2009）. 子ども理解—臨床教育学の試み　岩波書店

ヴィゴツキー，L. S.（著）　柴田義松（訳）（2001）. 思考と言語［新訳版］　新読書社

山﨑準二（2012）. 教師の発達と力量形成—続・教師のライフコース研究　創風社

12 章
日本国憲法・教育基本法・児童の権利条約と子どもの権利

1　はじめに（8章も参照）

(1) 人権／権利としての教育

　「なぜ，学校は存在するのか」，「なぜ，子どもは学校に行くのか（行かなければならないのか）」。誰もが1度はこのような問いについて考えたことがあるだろう。応答することが難しく，また，その回答も多様なものが考えられるであろうが，法制度という観点からこの問いに答えるのは—ひとまずは—容易である。すなわち，「教育を受けることは人権／権利だから」がその答えである。日本国憲法（以下，憲法）26条において「教育を受ける権利」は国民の人権として保障されており，また，1989(平成元)年に国連総会において採択され，1994(平成6)年に日本政府が批准した国際人権条約である児童の権利条約（以下，権利条約）において，教育は子どもの権利の1つとして数えられている(28・29条)。学校が存在するのは，以上のような国民・子どもの人権／権利を保障するためであり，この権利保障の一形態として子どもの就学がある。

　しかし，教育を受けることが国民・子どもの人権／権利であるといえるとしても，「人権／権利である」ということが何を意味するのかということは決して自明なことではない。特に，いじめや不登校といった学校教育を取り巻く問題が頻発する中で，あるいは，国際的にみても過剰な受験競争が行われている日本において，教育を受けることが人権／権利であると実感できない子どもは数多くいるのではないだろうか。本章では，現代日本における「教育を受ける権利」の根拠法である憲法，教育基本法（以下，教基法），そして，権利条約

の関連条文を検討し，教育を受けることが人権／権利であるということの意味を明らかにし，そこから，権利保障主体である教師は，真に子どもの権利を保障するためにいかなる存在でなければならないかを考察する。

(2) 法源（条文）と解釈

　ところで，憲法 26 条 1 項に「その能力に応じて」という文言があるが，ここにいう「能力」はどのような意味としてとらえればよいだろうか。学校で測られる能力を念頭において学力と理解すべきなのか。あるいは，いわゆるジェネリック・スキルのようなものを念頭に置くべきであろうか。確認しなければならないのは，このように，法規の条文は意味が一義的に確定できるものではないということである。条文は読み手や置かれた文脈によって意味が大きく変わる。そもそも，法規とは多様にありうる個別のケースに適用することを目的とする一般的な規範であり，それゆえ，条文は必然的に抽象的・包括的にならざるをえない。こうした特性が，読む者によって意味が変わるというように，条文の一義的意味の確定の困難さをもたらす。だからこそ，法規については，条文のみならず，それに意味を与える解釈—法解釈—が重要となる。

　法学的にいうと，法規の条文は法源であって法ではない。法源たる条文は解釈者によって意味が付与されることによってはじめて社会規範たる法となるのである（渡辺，1979）。他の学問と異なり，法学においては同じ条文に対して複数の説が存在することが多くあるが，それはこうしたことによる。解釈者がどのような文脈で条文を読み，文言をどのようにとらえ，さらに，いかなる正義をその条文で実現したいかということにより，社会規範としての法の意味が大きく変わるのである。付言すれば，裁判とはこのような法解釈をめぐる正当性の争いでもある。〈原告—被告〉間の解釈の対立に対し，裁判官が正統な解釈を明らかにするのが裁判であり，そこで確定された条文の意味は当該ケースのみならず，後続する解釈をも規定する。だからこそ，法を学ぶ者は条文のみならず，その解釈も検討しなければならないのである。

2　日本国憲法の教育条項―26 条の「教育を受ける権利」（8 章も参照）

(1) 歴史の中の憲法 26 条

　1946（昭和 21）年 11 月 3 日に公布，翌 1947（昭和 22）年 5 月 3 日に施行
された憲法であるが，その教育条項は 2 つの歴史的文脈に位置づけて考察しな
ければならない。第 1 に，明治以来の日本の教育史における文脈であり，第 2
に，西洋に由来する人権思想史・教育（思想）史におけるそれである。

　戦後，日本の教育理念は，憲法・教基法（1947（昭和 22）年公布・施行，
2006（平成 18）年全文改正）において定められ，その理念を具体化するため
の制度も法律に拠るものとされた（教育の法律主義）。法律主義が採用された
のは，法律が国民の代表機関たる議会において民主的手続きにより定められる
ことによるが，これは，戦前の教育理念が教育勅語という，法形式的には天皇
の命令という形で示され，帝国議会の存在にもかかわらず，教育制度も勅令に
よって定められたこと（教育の勅令主義）への反省でもある。この意味で，憲
法の教育条項は，敗戦に至るまでの教育体制の否定の上に立つものである。

　同時に，憲法において「教育を受ける権利」が定められたことは，人権思想
史・教育（思想）史の当時の段階における 1 つの到達点でもある。西洋におい
ては市民革命の展開において人権思想が確立し，中でもフランス革命期の思想
家・科学者であるコンドルセ（Condorcet, N. D., 1743-1794）を嚆矢として，
個人の人権を構成するものとして教育をとらえ，そこから公教育制度を構想す
る思想が生成・展開した。その後の公教育制度の成立・展開は，以上のような
思想がそのまま実現したものでは必ずしもないものの，西洋近代の成果として，
教育人権と公教育制度によるその保障という教育思想が現れ（堀尾，1971），
それが戦後日本において実現したのである。

(2)「教育を受ける権利」の複合的性格

　憲法 26 条 1 項は「教育を受ける権利」を定めている。条文の位置から，当
初，これは社会権として位置づけられた。社会権とは個人の権利保障のために
国家に具体的行為を要求する権利のことであるが，本権利は，教育の機会均等
を実現するための国家による経済的配慮や国家による教育施設の設置・整備を

意味するものとして理解されてきたのである。

　しかし，そもそも教育とは個人の能動的な行為である「学習」があってこそ成立するものである。「教育を受ける」という受動的表現からは直接に教育の基底にある学習の能動性を引き出すことはできないものの，現段階では，教育の条理—あるべき姿—の観点から，「教育を受ける権利」は〈教育を受ける者＝学習者〉の「学習権（Right to Learn）」として解釈される。このことは，最高裁の判例においても確認されている（旭川学力テスト事件，最高裁昭51・5・21）。以上の解釈により，「教育を受ける権利」は，上述のような権利保障のための国家による行為を要求するのみならず，自発的活動である「学習の自由」，そして，これを実現するための「教育の自由」という，自由権的側面—教育活動・内容に国家が過度に介入しない—をも併せもつことになる。以上のように，「教育を受ける権利」は自由権・社会権という複合的な性格をもつ。

(3) 教育の機会均等—「その能力に応じて，ひとしく」の意味

　憲法26条1項の「その能力に応じて，ひとしく」という文言は，教育の機会均等を定めたものであり，まずは憲法14条を承け，「人種，信条，性別，社会的身分又は門地」により教育上の差別を受けないということを意味する。

　条文にある「能力に応じて」という文言は，どのように「能力」を理解するかで大きく意味が異なるものである。かつては，この文言が「試験成績で示される能力」と解釈されたこともあったが，現代においてはこのような狭い能力観は採用することはできない。そうではなく，この文言は「すべての子どもが能力の発達の仕方に応じてなるべく能力発達ができるような（能力発達上の必要に応じた）教育を保障される」（兼子，1978，p. 231，傍点は原著者）という意味で解釈されなければならない。この解釈の眼目は，能力は固定的なものではなく，外部からの働きかけ—教育—により発達するものであるという教育学・心理学に基づいた能力観を採用し，能力を全面的に発達させるという必要に応じて教育を保障しなければならないと主張することにある。ここから，例えば，障害児の学習権の保障という問題があらためて提起されるであろう。

(4) 義務教育の「義務」と無償性

　憲法 26 条 2 項は義務教育に関する規定である。ここにいう義務とは，「その保護する子女に普通教育を受けさせる」とあるように，保護者がその子女に教育を受けることを保障する義務である。すなわち，本義務は①学校に行く義務ではなく，普通教育を受けることを保障する義務であり，②個人の国家に対する義務ではなく，親の子どもに対する義務，というものである。あくまで教育を受けることは権利なのであり，本権利を確実に保障するために，親は子どもに対して，教育を受けさせる義務をもつのである。

　ここにいう「普通教育」とは，職業教育・専門教育と対比される概念であり，特定の職業に就くことを目的としたり，特定の専門を志向するための教育ではなく，すべての国民に学ぶことが求められる一般的な内容の教育を意味する。また，普通教育が行われる場は学校に限定されるわけでは必ずしもないため，本条文から就学義務が直接に導出されるわけではない。

　また，本項は義務教育の無償を定めているが，ここにいう「無償」は教育の対価たる授業料の無償を意味するものと解釈される。近年,「子どもの貧困」(序章も参照) をめぐる状況や義務教育段階における私費負担の問題が指摘されているが (柳澤・福嶋，2019)，授業料を超えた無償範囲の拡大は憲法ではなく個別の立法措置で対応することが予定されている。義務教育段階においては，教科書は無償であるが，これは義務教育諸学校の教科用図書の無償措置に関する法律による。

3　教育基本法の立憲主義的解釈と学習権の保障

(1) 基本原理法としての教育基本法とその立憲主義的解釈

　1947（昭和 22）年，教基法は制定された。前文に，「われらは，さきに，日本国憲法を確定し，民主的で文化的な国家を建設して，世界の平和と人類の福祉に貢献しようとする決意を示した。この理想の実現は，根本において教育の力にまつべきものである」とあるように，本法は憲法と一体であり，新たに民主主義体制を担う個人を形成する教育を実現するために定められた。法制（史）的位置づけにより，教基法には基本原理法──それと矛盾する法規を無効とはし

ないが，教育関連法規の解釈・運用においては規程や趣旨，目的に合うよう配慮されなければならない―という特性が認められてきた（兼子，1978）。

　2006（平成18）年，教基法は全文改正され現行のものとなったが，その法的性格については論争的である。現行法においても前文に「日本国憲法の精神にのっとり」と憲法に言及がなされている。しかし，それぞれの条文を仔細に検討すると，立憲主義という憲法が体現する価値に抵触する怖れのある条文も存在する。そのため，すべての条文について原理法的性質を認めるのは困難であり（日本教育法学会，2021），また，教基法の「立憲主義的解釈」（成嶋，2008）により憲法順接的な運用が図られなければならないものと評価されている。

(2) 教基法における人間教育の原理―教基法と子どもの権利①

　現行の教基法は全18条に前文が付されたものであるが，以下，憲法に定められた「教育を受ける権利」と特に関連する事項について検討する。

　本法1条は「教育の目的」を「人格の完成を目指し，平和で民主的な国家及び社会の形成者として必要な資質を備えた心身ともに健康な国民の育成を期して行」うと定めている。比較法制（史）的観点からみると，本条は直接に「国家及び社会の形成者」あるいは「国民」形成を教育の目的と設定するのではなく，教育はまずもって「人格の完成を目指」すということを規定した点に特徴がある。教基法は，人間教育を行った結果として，市民・公民が形成されるという論理を採用している（世取山，2008）。

　以上のような立憲主義的解釈を採るならば，例えば，本法2条「教育の目標」に列挙されている項目については極めて慎重に扱わなければならないということがわかるだろう。「公共の精神」や「伝統と文化」の「尊重」，あるいは「我が国と郷土を愛する……態度」といったことはいわゆる「愛国心」と関わるものであり，憲法26条の定める「教育を受ける権利」が要請する「教育の自由」と衝突する可能性がある。ちなみに，これらの項目は2015（平成27）年の学校教育法施行規則の改正及びそれに伴う学習指導要領の改訂により新たに設置された「特別の教科　道徳」において子どもに教えるべき価値項目として数え上げられているものでもある。また，本法5条2項に定められた義務教育に係る普通教育の規定も批判的に検討されるべきものとなろう。子どもの思想・良

心の自由が保障されねばならないことは当然であるが，その一方で，学校教育は，その保護されるべき思想・良心の形成を目的とするものでもある。子どもの権利を保障するための価値教育は可能なのか，そして，可能であるとすればそれはいかなる形であるのか，ということが問われなければならないだろう。

(3) 不当な支配の禁止─教基法と子どもの権利②

　子どもの「教育を受ける権利」を保障するためには「教育の自由」が守られなければならないということを考えれば，本法16条1項に教育への「不当な支配」の禁止は極めて重要な意味をもつ。これについては，旧法10条1項においては「教育は，不当な支配に服することなく，国民全体に対し直接に責任を負つて行われるべきものである」と定められていたが，現行法においては「教育は，不当な支配に服することなく，この法律及び他の法律の定めるところにより行われるべきもの……」と条文の変更がなされている。注意しなければならないのは，現行法では，「この法律［教基法］及び他の法律に定めることにより行われる」教育・教育行政は，あらかじめ「不当な支配」には当たらないことが，条文上，先取的に定められているということである。旧法10条においては，法律に基づく行政行為であっても教育に対する「不当な支配」となりうるということが想定され，事実，国家・自治体による教育行政が「不当な支配」に当たるかどうかが裁判で争われてきた。しかし，現行法の条文では，法治国家において行政は法律に基づき行われるものであるところ，国家・自治体の行う教育行政行為はあらかじめ「不当な支配」となる可能性が排除されている。近年においても，全国学力テストの実施に伴うテスト対策に偏重した教育の実施や，突出した自治体における日の丸・君が代に関わる教員処分，あるいは，首長による強権的な教育行政への介入等，行政組織・機関による教育への「不当な支配」に該当するケースが散見する中で，本条を立憲主義的に解釈する意義は極めて大きいといわねばならない。

(4) 教育条件整備─教基法と子どもの権利③

　子どもに「教育を受ける権利」が保障されるためには，その教育を行う施設・設備が確保されるということは大前提である。のみならず，その施設・設備が，

子どもの学習を行う場としてふさわしいものとして，人的・物的条件が整備されなければならない。本法16条2項・3項はそれぞれ国・自治体の教育条件整備義務を定め，さらに同条4項は，国・自治体にそのための財政上の措置を講じる義務を課している。現在，少人数学級の実現のために学級編成基準および教職員定数の見直しがなされているが，学級規模や教職員数というハード面は，そこでどのような教育が行われるかというソフト面と極めて密接な関係がある。すべての子どもの成長・発達を実現するために，それにふさわしい教育条件が確保されなければならない。

4　児童の権利条約の定める子どもの権利と教育

(1) 児童の権利条約を解釈する—条文・総括所見・一般的注釈（8章も参照）

1989（平成元）年，権利条約は国連総会において全会一致で採択された。これは子どもの権利の歴史のうえで極めて画期的なことであるが，国際機関が子どもの権利に関する国際規範を発出したのはこれがはじめてではない。

1924（大正13）年，国際連盟はジュネーブ宣言を公表した。これは，世界史上はじめての総力戦で，しかもヨーロッパが戦地となった第一次世界大戦による子どもの悲惨な状況を前にして出されたものであった。そして第二次世界大戦後，新生国際連合により，あらためて児童の権利宣言が公表された。戦争等の非常事態においては社会における弱い立場にある者こそが最も悲惨な状況に陥るということを考えるならば，二度の権利宣言は極めて意義のあることであった。しかし，これはあくまで宣言にとどまり，加盟国を法的に拘束するものではなく，宣言は実効力を伴うものではなかった。

1966（昭和41）年，世界人権宣言をもとに国際人権規約が採択された。本規約は法的拘束力をもつ条約であり，自由権規約（B規約）において子どもの権利が定められた。子どもの権利史において，本規約は大きな前進であったが，その規定は一般的・抽象的なものにとどまり，子どもの権利を具体的に保障するものでは必ずしもなかった。こうした歴史を経て，権利条約は成立したのである。

ところで，権利条約は，子どもの権利を実効力のあるものとするために審査

報告制度を定め，また条文解釈の指針である一般的注釈 （General Comment）の公表を予定している。審査報告制度は，締約国が権利条約の定めた義務を履行しているかを監視するためのものである。締約国は，批准後２年以内に，その後は５年ごとに条約の履行状況を国連子どもの権利委員会（以下，権利委員会）に報告する義務が課される。報告を受けた権利委員会はその後ヒヤリングを行い，審査結果を総括所見として公表する。特筆すべきは，審査にあたり権利委員会は非政府・民間団体の意見・報告を積極的に収集することである。権利委員会にいわせれば，締約国政府は自らに都合のよいことばかりを報告する傾向があるため，正確にその国の子どもの権利の実態を知るためには，非政府・民間団体のカウンター・レポートが必要なのである。なお，日本はこれまで第１回（1998（平成10）年６月），第２回（2004（平成16）年２月），第３回（2010（平成22）年10月），第４・５回（2019（平成31）年２月）と，都合４回の審査を受けている。このように権利委員会は締約国ごとに審査を行っており，審査結果が蓄積されていく中で，多くの国に共通する一般的・普遍的課題が発見される。一般的注釈とは，このような子どもの権利に関わる一般的・普遍的課題に関わるもので，これを通じて権利委員会は権利条約の解釈指針を示している。2022（令和4）年１月時点で，権利条約に関する一般的注釈は―他の人権条約と共同のものも含め―25を数えている。以上のことから，権利条約の条文を解釈するためには，審査結果である総括所見と解釈指針である一般的注釈の参照が求められるのである。

(2) 受容的・応答的関係の権利としての保障

　権利条約は「生きる権利」・「育つ権利」・「守られる権利」・「参加する権利」という４つの権利を子どもたちに保障する。これらは教育のみならずおおよそ子どもの生活を包括するもので，本条約の理念を体現しているのが12条に定められた「意見表明権」である。すなわち，権利条約は子どもに関わる大人に対して，「子どもの最善の利益」を考慮することを義務として課している（3条１項）。しかし，大人の考える子どもの利益というものは，パターナリズムによる正当化のもと，往々にして独善に陥りがちである。こうした障害を打破し，正しい意味で「子どもの最善の利益」を保障するための権利が「意見表明

権」である。子どもの意見（Views）が聴かれなければ，大人は「子どもの最善の利益」を判断することなどできるはずがない。その意味で，本権利は，大人が正しく子どもの利益を判断・決定する─ということは，子ども自身が自己決定を行うわけではない─ための権利である。こうしたことから，「意見表明権」は手続き的権利であり（12 条 2 項），また，その意見は子どもの発達段階に応じて考慮されなければならないものである。

　子どもが自らの意見を表明し，それをもとに大人が「子どもの最善の利益」を考慮する。これこそが権利条約が想定する〈大人─子ども〉関係であり，このことは権利条約が，自らの意見を聴いてくれる大人との関係─受容的・応答的関係─を権利として保障するということを要請するものである（世取山，2013）。このような関係を基盤として，子どもは権利の主体として成長・発達を保障されるのである。なお，権利条約が大人との受容的・応答的関係を子どもに保障するということは，大人の生活・労働の領域も権利条約がカバーすることを必然的に要請する。大人自身の生活が保障されなければ，以上のような子どもとの関係をもつことはできないからである。近年，日本においては教員の過重労働が大きな問題となっているが，こうしたことは，子どもの権利の観点からも当然にして解決すべきものなのである（8，9 章も参照）。

（3）総括所見にみる日本の教育の問題（10 章も参照）

　権利条約からみると，日本の教育は深刻な問題を抱えている。第 3 回総括所見（2010 年）においては「日本の教育制度において極めて質の高い教育が行われていることは認識する」ものの「高度に競争的な学校環境が，就学年齢にある児童の間で，いじめ，精神障害，不登校，中途退学，自殺を助長している可能性があることを懸念する」（パラ 70）と述べられ，さらに第 4・5 回総括所見（2019 年）においては「過度に競争的な制度を含むストレスの多い学校環境において児童のストレス緩和を目的とした措置を強化すること」（パラ 39）が勧告されている。国際的にみると，日本の学校制度は極めて競争主義的でストレスフルであり，そのことが子どものいじめ・不登校・校内暴力・自殺といった問題行動のトリガーであると評価されている（子どもの権利条約市民・NGO の会，2020）。

　権利条約においては，締約国が子どもに保障する教育について「児童の人格，才能並びに精神的及び身体的な能力をその可能な最大限度まで発達させること」(29条1項a) と定められ，これについては，一般的注釈においては「子どもの最大限の可能性を全面的・調和的に発達させること」と説明されている (Committee on the Rights of the Child, 2001)。総括所見における権利委員会の判断と権利条約，一般的注釈を比較したとき，あるいは，目の前で展開する日本の教育の現状をみたとき，日本の教育制度はどのような評価が可能であろうか。いじめや不登校，子どもの貧困や教育格差。権利条約は，日本の教育制度が子どもの権利を保障するものとなっているのかということを根底において私たちに問いかけているのである。

5 おわりに

　教育が人権／権利であるとはどのようなことか。本章はこの問いについて具体的に答えるために，①日本国憲法の教育条項，②教育基本法，③児童の権利条約の関連条項を検討してきた。そして，その検討により，①憲法26条の「教育を受ける権利」の「学習権」としての解釈，②教基法の「立憲主義的解釈」，そして，③権利条約の総括所見・一般的注釈への参照による解釈を提示した。

　本章が示したのは「教育とはいかなるものか／いかにあるべきか」という観点から行った教育法解釈である。法学においては，事柄の性質に即した解釈を条理解釈—条理とは「事物の性質 (nature des choses, Natur der Sache)」を意味する—と呼ぶが，おおよそ教育に関連する法は，教育という「事柄の性質」—教育条理—に即して解釈されなければならず，教育条理こそが教育法解釈の基準とならなければならない (兼子，1974)。設置主体の如何にかかわらず，公教育制度における学校における教育は法のもとに行われるものであるが，子どもの権利保障主体としての教師は，常に教育について探求し，教育条理に基づく法解釈を行うことが求められるだろう。

　子どもの権利論における現段階の到達点の1つは，大人との受容的・応答的関係が権利として子どもに保障されなければならないという児童の権利条約の要請である。このような関係が基盤にあってこそ，大人は子どもの成長・発達

に働きかけること―教育―ができ，また，その中で子どもの自発的活動―学習
―が生起する。そして，この到達点の高みから，あらためて憲法の教育条項や
教基法の諸条項は検証・解釈されなければならないだろう。そして，このよう
な子どもの権利論の知見は，教職について新たな視角を提供するものでもある。
「知識を教えること」，「生活を指導すること」，「社会規範を教えること」。こう
したこととは―完全には分けられるものではないが―異なるレベルにおいて，
子どもとの関係を構築することが教員に求められる。そして，そのことは，ひ
いてはこうした関係が構築できるような―あるいは，こうした関係を阻害しな
いような―「学校づくり」につながる。人権／権利としての教育を保障する場
としてふさわしい学校が目指されるのである。

参考文献

Committee on the Rights of the Child（2001）. Article 29（1）: The aims of education. Re-
　trieved from https://tbinternet.ohchr.org/_layouts/15/treatybodyexternal/Downlo
　ad.aspx?symbolno=CRC%2fGC%2f2001%2f1&Lang=en（2022 年 1 月 20 日）
堀尾輝久（1971）. 現代教育の思想と構造―国民の教育権と教育の自由の確立のために
　岩波書店
堀尾輝久（2019）. 人権としての教育　岩波書店
児童の権利委員会（2010）. 外務省（仮訳）条約第 44 条に基づき締約国から提出された
　報告の審査　総括所見：日本　Retrieved from https://www.mofa.go.jp/mofaj/gaik
　o/jido/pdfs/1006_kj03_kenkai.pdf（2022 年 1 月 20 日）
児童の権利委員会（2019）. 外務省（仮訳）日本の第 4 回・第 5 回政府報告に関する総括
　所見　Retrieved from https://www.mofa.go.jp/mofaj/files/100078749.pdf（2022年1月
　20 日）
兼子　仁（1974）. 教育法における条理　兼子　仁・永井憲一・平原春好（編）教育行政
　と教育法の理論（pp. 84-110）　東京大学出版会
兼子　仁（1978）. 教育法（新版）　有斐閣
子どもの権利条約市民・NGO の会（2020）. 国連子どもの権利条約と日本の子ども期―第
　4・5 回最終所見を読み解く　本の泉社
成嶋　隆（2008）. 新教基の憲法学的検討　日本教育法学会（編）日本教育法学会年報
　37 号（pp. 31-42）　有斐閣
日本教育法学会（2021）. コンメンタール教育基本法　学陽書房
大島佳代子（2008）. 教育を受ける権利　大石　眞・石川健治（編）憲法の争点（pp. 176
　-177）　有斐閣

阪口正二郎（2020）．教育を受ける権利，教育を受けさせる義務　長谷部恭男（編）注釈日本国憲法（3）（pp. 21-45）　有斐閣

渡辺洋三（1979）．法とは何か　岩波書店

柳澤靖明・福嶋尚子（2019）．隠れ教育費　太郎次郎社エディタス

世取山洋介(2008)．北海道学テ事件最高裁判決の現代的意義―なぜそれは教育裁判にとってのコーナー・ストーンなのか？　日本教育法学会（編）日本教育法学会年報37号（pp. 64-74）　有斐閣

世取山洋介（2013）．新自由主義教育改革と憲法・教育法　日本弁護士連合会（編）教育統制と競争教育で子どものしあわせは守れるか（pp. 85-121）　明石書店

13 ^章

激動の時代を生きる教師
―学び続ける教師の成長

1 はじめに

　世界的なコロナ禍にある 2021（令和 3）年 1 月，中央教育審議会は「『令和の日本型学校教育』の構築を目指して―全ての子供たちの可能性を引き出す，個別最適な学びと，協働的な学びの実現―」（以下「令和 3 年答申」という）において，社会のあり方が劇的に変わる Society 5.0 時代と，先行き不透明な「予測困難な時代」が到来したと答申した（4，7，11 章も参照）。激動の時代を生きる教師は，これまで経験したことのない事態に柔軟に対応していくためにも，生涯学び続けることが求められる。本章では，まず学生時代に体験してほしいファシリテーターとしての役割について，事例を紹介する。次に，激動の時代に学び続ける教師の成長過程と，教師の学びを支えるアクションリサーチや同僚性についてふれる。最後に「対話」が現代の学び続ける教師像に投げかけるものを考察する。

2 予測困難な時代に求められる新しい教師像

(1) With コロナ時代における世界的なオンライン学習の推進と課題（7 章も参照）

　2012（平成 24）年の中央教育審議会答申「教職生活の全体を通じた教員の資質能力の向上方策について（答申）」では，教員が高度職業専門人として明確に位置づけられた（序章も参照）。その後，2021（令和 3）年答申は「2020

年代を通じて実現すべき『令和の日本型学校教育』で目指す学びの姿」を掲げた。同答申は，学校教育を取り巻く環境の変化を教師自身が前向きに受け止め，教職生涯を通じて学び続ける重要性を訴えている。

　同答申の背景には，世界的な新型コロナウイルス感染症の流行に伴い，世界各国では幼稚園・保育園から初等中等教育，高等教育に至るまで，長期間の休校を余儀なくされ，開校した後も影響が続いている現状がある。なお文部科学省は第二次世界大戦後の1947（昭和22）年から「諸外国の教育動向」を発行している。世界中がコロナ禍にある中で，同書第157集（2020）はアメリカ合衆国，イギリス，フランス，ドイツ，中国，韓国等の国々の教育事情について，各国の教育分野における「新型コロナウイルス感染症対策」を集録している。

　コロナ禍に世界各国は休校を取り決め，教師がICT教育の知識や技術を駆使してオンライン授業を行えるよう，教育政策を打ち出している。本節では「諸外国の教育動向2019年度版」（文部科学省，2020）から，各国のオンライン学習について紹介する。

　①**アメリカ合衆国**　多くの州や学区は，遠隔学習やオンライン学習を推進している。例えばケンタッキー州では，2011（平成23）年度から非伝統的指導プログラム（Non-Traditional Instruction Program）を導入した。ミネソタ州は2019（令和元）年に，休校期間中にe-learningプログラムを実施する学区に対して，家庭にインターネット環境がない児童生徒への手立てを含めた実施計画の提出，承認を求める州法の改正を行った。インディアナ州教育局はオンライン学習に関する規則や手続きを整備した（文部科学省，2020，p. 54）。

　②**イギリス**　教育省は無償で利用できる家庭学習（home education）用のオンライン学習教材リストをインターネット上で公表した。就学前教育から義務教育最終段階のキーステージ（Key Stage 4：14-16歳）を対象とした英語，数学，科学，体育，ウェルビーイング（心の健康），特別支援教育のための教材が利用できる（文部科学省，2020，pp. 77-78）。

　③**フランス**　一斉休校を受け，国民教育・青少年大臣は「学ぶ国家（Nation apprenante）」事業を立ち上げた。国民教育・青少年省がテレビやラジオ，新聞等のメディアと連携し，事業に参加した教育番組や学習ツールに「学ぶ国家」ラベルを付与した。また国立遠隔教育センター（CNED）は，幼稚園からリセ

（高校）まで自宅で学習できるように，「授業を家で（Ma classe à la maison）」を提供している（文部科学省，2020, p. 99）。

④**ドイツ**　連邦教育研究省（BMBF）は，理数系の MINT（英語の STEM[1] と同意）学習のためのウェブサービス「スマートに過ごそう（Wir bleiben schlau!)」を，「おうちで MINT 教育同盟（Allanz für MINT-Bildung zu Hause)」を通じて提供した。例えば自宅で仮想実験室での化学実験や，パソコンのプログラミングを学ぶことができる（文部科学省，2020, pp. 131–132）。

⑤**中国**　教育部は「学校は止めても学習は止めない」方針を決定した。都市部では初等中等教育の児童生徒を対象にインターネットによる授業配信を行い，インターネットが普及していない農村地域は，中国教育テレビ局が衛星放送で主に小学校の授業を配信する。高等教育もインターネットで配信する。また，教師の ICT 能力を高めるために，国や省が遠隔教育と ICT 能力に関する研修プロジェクトを実施する（文部科学省，2020, pp. 172–175）。

⑥**韓国**　教育省は，初等学校から高校まで，新学期開始をオンラインで行うことを決定した。学校はオンライン教育計画の策定，通信体制の構築，児童生徒，保護者への事前の案内，教師への研修，オンライン教育プラットフォームの選択・施行，各家庭のオンライン教育受講環境の把握を行った（文部科学省，2020, pp. 239–240）。

⑦**日本**　わが国も 2020（令和 2）年 3 月から 5 月末まで，公立学校を中心に一斉休校を余儀なくされた。そのため，文部科学省は「新型コロナウイルス感染症対策に伴う児童生徒の『学びの保障』総合対策パッケージ」（2020 年 6 月）を教育委員会や学校関係者に通達した。文部科学省は「ICT 活用によるオンライン学習の確立」を目指し，端末，モバイルルータ等を特に家庭で ICT 環境を整備できない子ども向けに優先配置，優先すべき地域の学校でオンライン学習が可能になるよう，全国の学校現場サポート体制等を通じて，教職員向け研修やオンライントレーニングを提供することを目標とした。そして，「GIGA スクール構想」でハード・ソフト・人材を一体とした整備を加速した。児童生徒向けには「子供の学び応援サイト」において，教育委員会作成の学習支援動画，NHK や放送大学の番組などの情報を一元的に集約し，情報提供している（7 章も参照）。

　だが 2020（令和 2）年 6 月に学校が開校すると，新たな課題が生じた。例えば高校ではクラスを 2 つに分け，半分は教室での対面授業，半分は自宅でオンライン学習を行う分散登校を実施する事例が増えた。出席番号でクラスを分割する場合，半数の生徒には何か月も会えずに学校生活を過ごすことになる。友人と会えない寂しさを語る高校生も少なくない。

　また「GIGA スクール構想」の推進により，当初は 2023（令和 5）年度末までに「1 人 1 台」の ICT 端末を配布する予定だったが，2021（令和 3）年度末までにほぼ全員にいきわたった。ただし，1 人 1 台の ICT 端末を保有していても，通信環境が十分に整っている学校や地域，家庭ばかりではない。またオンライン授業を行うと，画面に向かって話すことに慣れない子どもが多いため，教室での対面授業よりも児童生徒の授業態度が消極的になる事例がみられる（4，7 章も参照）。

　さらに With コロナ時代になり，生徒指導や教育相談に関しても，児童生徒が抱える個別の問題が一層増加し，深刻化している（2，5，9，10 章も参照）。「令和 2 年度児童生徒の問題行動・不登校等生徒指導上の諸課題に関する調査」（文部科学省，2021）では，2020（令和 2）年度の不登校児童生徒数（小中学生）は 196,127 人（前年度 181,272 人）と過去最多となった。また，2020 年度は PC や携帯電話を使った誹謗中傷（ネットいじめ）が 18,870 件になり，過去最多を更新した。特に小学校では 2020 年度は 7,407 件に増加した。

　文部科学省の「GIGA スクール構想」のおかげで，全国の小中学校では 1 人 1 台端末の配備がほぼ完了し，児童生徒は自分の端末を保有できるようになった。しかし 2020（令和 2）年 11 月には東京都町田市で，学校が配布したタブレット端末に，何人かの級友から悪口が書き込まれたとされる女子児童が自殺する事件が起こった。学習用の ICT ツールをいじめに悪用した結果，ひとりの児童の命が奪われた事実を重く受け止めなければならない。今後は国が主導して，インターネットを使用した学習の弊害への対策を講じることが強く望まれる。

(2)　新たに教職課程に求められる教育─激動の時代に求められる教師像

　文部科学省（2021）は「『令和の日本型学校教育』を担う教師の養成・採用・

表 13-1　教育職員免許法施行規則改正に伴い教職課程に新たに加わった内容

・小学校の外国語（英語）教育・ICT を用いた指導法・特別支援教育の充実
・アクティブ・ラーニングの視点に立った授業改善・学校と地域との連携
・チーム学校への対応・道徳教育の充実・学校体験活動　等

研修等の在り方について（令和 3 年 3 月 12 日中央教育審議会諮問）」において，今後のわが国の教育を担う教師を育てるために必要な事項の 1 つに，「教師に求められる資質能力の再定義」を挙げ，教職課程の見直しを求めた。

　同諮問に先立って，文部科学省は教職課程で履修すべき事項を約 20 年ぶりに全面的に見直している。まず 2016（平成 28）年 11 月に教育職員免許法を，そして 2017（平成 29）年 11 月に教育職員免許法施行規則を改正し，教職課程コアカリキュラムと外国語（英語）コアカリキュラムを作成した。同法施行規則改正では，中央教育審議会答申「これからの学校教育を担う教員の資質能力の向上について」（平成 27 年 12 月 21 日）で示された教職課程の見直しのイメージに基づき，教職課程に新たな内容（表 13-1）を加えた。かくして 2019（平成 31）年から，全国の大学・短大で新たな教職課程が始まった。なお，令和 3 年答申は従来の資質能力に加え，ファシリテーション能力と ICT 活用指導力（7 章も参照）等を挙げている。

3　学生時代に体験しておいてほしいこと ―学びからファシリテーターとして教える立場への転換

（1）小学校の英語教育―現状と課題

　日本の公立小学校の英語教育の歴史はさほど長くはなく，1992（平成 4）年度に当時の文部省（現在の文部科学省）が大阪の小学校を研究校として指定したのが始まりである。

　その後，1998（平成 10）年告示の学習指導要領から，「総合的な学習の時間」に外国語会話が導入されたが，まだ国際理解教育の一環であった。そして 2008（平成 20）年度告示の学習指導要領以降，「外国語活動」が全国の公立小学校の 5，6 年生を対象に週に 1 回実施された。さらに 2017（平成 29）年告示の新学習指導要領からは，小学校中学年（3・4 年生）を対象に「聞くこと」と「話すこと」の言語活動を通して，外国語に慣れ親しむことを目標とした外国

語活動を開始した。また高学年（5・6年生）を対象に外国語科として「読むこと」と「書くこと」を加え，コミュニケーションを図る基礎となる資質・能力の育成を目標とした英語教育が始まる。つまり，小学校段階から4技能の育成が始まったのである。

　1992（平成4）年度に大阪の研究開発学校で英語教育が始まってから約四半世紀かけて，日本の公立小学校での英語教育は少しずつ前進してきたが，課題は多い。例えば英語教育の研修が不十分なため，英語力に自信がない教員も多い。ALT（Assistant Language Teacher：外国語指導助手）との協力関係を築くのが困難，授業準備に長時間かかる等，小学校教員の負担が増大したことも挙げられる。特に教科化された小学校5・6年生の評価は難しい。さらに，小中が全く連携していない地域も多い等の課題が残る。

(2) 英語教育における「発達の最近接領域」と「足場かけ」

　このような現状を踏まえると，大学が地域や小中学校と連携することは意義深いといえる。大学生が児童生徒に英語を通したコミュニケーションや世界の情報を伝える教育活動を継続的に行えば，小中連携や小中学校の教員の負担軽減につながるのではないだろうか。

　学習は，他者と協働で行う文化的な行為である。発達心理学者ヴィゴツキー（Vygotsky, L. S.）は，子どもが自分より少しよく知っている人から援助してもらうと，より高い次元の発達水準に到達するとして，協働学習を「発達の最近接領域（Zone of Proximal Development：ZPD）」により説明した（Vygotsky, 1978）。「発達の最近接領域」では，よりよく理解している人が子どもを援助する行為を足場かけ（scaffolding）と呼んだ（Vygotsky, 1978；Bruner, 1993；13章も参照）。小学生に対して，学習の進んでいる年長者である大学生が教えることで，この足場かけができると考えられる。

　特に言語学習においては，他者の果たす役割は大きい。習熟度別クラス分けを行い，効率的に言語学習を進める場面が多くみられるが，言語学習の本来の目的は多種多様な学習者が交わり，教え合い，学ぶ行動が同時に生ずる状況を作り出すことである。

(3) 教員養成段階の学び―学び続ける教師への初めの一歩

　教師を志望する大学生や短大生は，学生時代に様々な「学び」を経験する。だが，教室という限られた学習環境でのみ学習し，外国語である英語を習得することは難しい。外国語を習得するには，学習者の自律が重要である（Benson, 2011；Cotterall, 2008）。一人ひとりの学習者が，学習に意味を見出し，自らの意思で動機づけをもち，学習を進めていくことで，最終的に習得に近い到達を体験することができる。自律した学習者になるには，教室外の学習活動（Inaba, 2019）にも目を向けたい。学生が教室で教わって学習した内容を，今度は自らが小学生に教える体験を通して社会貢献できるのである。

　文部科学省（2021）の「『令和の日本型学校教育』を担う教師の養成・採用・研修等の在り方について（令和 3 年 3 月 12 日中央教育審議会諮問）」は，大学の教職課程における「ファシリテーション能力」の育成を重視している。子どもより少し年上の大学生が子どもに英語を教えることによって，これまで学んできた知識や技能がより研ぎ澄まされ，学校という場に必要な教師としての資質・能力がより早い段階で養成されると期待できる。

(4)「ファシリテーター」として社会に貢献する取り組み―「東女クロス英語カフェ」

　ここでは学習者の社会貢献の視点から，英語科の教員を目指す教職課程の学生たちが行った地域連携英語活動の取り組みを紹介する（詳細は鈴木・前田（2018）を参照）。

　東京女子大学が位置する杉並区には，杉並区の住民有志と教育委員会が協力し，地域のために講演会やワークショップなど，様々な活動を提供する「すぎなみ大人塾」がある。2017（平成 29）年に同塾を大学で開催した際に，特に教育委員会地域連携担当者から，小学生のための英語教育活動に協力してほしいと強く依頼された。そこで教職課程を履修している学生を中心に有志が集まり，「東女クロス英語カフェ」を結成，大学最寄り駅近くのビルにある地域住民の活動拠点「にしおぎ BASE」で，小学生のための英語アクティビティを考案した。目標は英語教育に加え，背景にある文化の紹介である。この活動をきっかけに，近隣の杉並区立二谷小学校から英語の授業をしてほしいと強い要望があり，小学校での英語支援活動を始めた。日本では「英語嫌い」の学習者は少

なくない。まずは英語を楽しむことができる活動を提供することを目標とした。

(5) 事例紹介─杉並区立三谷小学校での英語教育活動

三谷小学校での英語活動が 2019（平成 31）年 4 月から始まった。「東女クロス英語カフェ」のメンバー数名で学校に伺い，予定を決める打ち合わせには校長，副校長，5 年生担当の教員，3，4 年生担当の教員が参加した。ここでは第 1 回の公開授業を取り上げ，紹介する。小学校の参加児童は 5 年生 3 クラス，「東女クロス英語カフェ」の参加学生 17 名である。班に分かれ，1 つの班に学生が 2 名補助に入った。

---

①目的 三谷小学校の児童に英語の授業を行う／異文化について，そして日常
　　で使える英語の表現を身につけてもらう
②活動内容 テーマ：World Tour
③具体的な流れ（内容）
　a. Greeting/Song 挨拶・Hello Song
　b. Study 1：Country name/How long will you stay? 国名や滞在期間を英
　　語で言う。
　c. Activity 1：入国審査を体験する。
　d. Study 2：Study vocabulary/What do you want? 商品の名前や欲しい物
　　を英語で言える。
　e. Activity 2：Let's go shopping! 買い物を体験する。
　f. Greeting/Song 英語で歌を歌える。

ここでは d. Study 2 の中から「Shopping のための単語の練習」を取り上げ

図 13-1　質問・回答のフラッシュカード

図 13-2　三谷小学校での英語教育活動の様子

表 13-2　参加学生の感想

・児童にとっては，実際に体を使ってインプットしたことをすぐにアウトプットしたり，歌を歌ったりしたことが印象に残っているようだった。楽しいだけで終わらずに体で英語をおぼえて帰ってもらうことが大切だと感じた。(3 年)

・先生や先輩方，1 年生と協力して本物の「授業」を作り上げられたことが感慨深い。5 年生は思っていたよりも小さく，想像以上に英語ができて，楽しんでくれた。これからの英語教育の可能性を感じることができた。(2 年)

・どうすれば文法事項や語彙を小学生に教えることができるかを考えるのにかなりの時間を要し苦労もあった。授業が未熟であったにもかかわらず天真爛漫に私たちの授業に向き合ってくれた。さらに有意義が学びを提供したい。(1 年)

・積極的におこなう子が多くてよかった。パスポートを英語で書こうと挑戦した子も多く，英語を使うことに積極的な印象を受けた。英語教育のリアルな現場にいくことができてすごくいい経験になった。(1 年)

・私が小学校のときよりも英語教育が進んでいるなと感じた。(1 年)

・東女クロスの活動では，今まで関わったことのない同学年や先輩方と関わることができ有意義な活動だった。(1 年)

・小学生にどうすれば英語に興味をもってもらえるか，わかりやすく教えられるか，先輩，後輩関係なく意見を出し合い協力することができた。休憩中に反省会をおこなったことで，次の授業で反省を活かすことができた。準備から本番までたくさんのことを学ばせていただいた。次回も楽しい授業をおこないたい。(1 年)

る。単語練習は，フラッシュカード（図 13-1）に単語を書き学習した。使う単語は，児童が知っていると思われる単語に加え，少し難易度の高い単語も入れた。児童が覚えやすいようにイラストも一緒に記載した。発音練習はしっかりと行った。

　公開授業終了後，参加した学生から表 13-2 のような感想が上がった。

　こうして大学と地域が協力して，地域の小学校で英語教育活動が行えるようになった。その後も三谷小学校で毎週，教育活動支援として児童の生活支援も行った学生は，卒業後に教員になった。学生たちは活動する過程で教育の現状を知り，自身が小学生のときとは違う課題を学校が抱えていることを認識した。また，児童の生活ぶりについても認識を深め，児童の気持ちに寄り添うことができた。実際に学校という文化的文脈に入り，児童の様子や先生方の授業を参観する機会は，学生にとって非常に有意義なものである。教職課程を履修している学生の皆さんには，是非とも在学中に学校での活動を体験してほしい。

4 学び続ける教師を支えるアクションリサーチと同僚性

(1) アクションリサーチ—教師が学び続けるための実践研究

　教師は長い年月をかけて，新任の頃から中堅を経て，熟達した教師になっていく。しかし，単に経験年数が増えるからといって教師が成長できる訳ではない。熟達するほど自分なりの教え方が固まってくるため，マンネリ化し，校務分掌に追われて授業にかける準備が十分にできない場合がある（藤澤，2004；秋田，1997）。それでは教師が学び続けるためには，どのような支援や仕組みが必要なのだろうか。

　授業改善を教師が自ら，同僚と協働で行う方法，つまり教師が日誌や自らの授業の記録を作成し，同僚と話し合いながら授業づくりを探求する過程がアクションリサーチである(Cochran-Smith & Little, 1993；秋田，2004)。アクションリサーチは 1940 年代にアメリカの心理学者レヴィン（Lewin, K.）が提唱した考え方である（Lewin, 1946)。1990 年代以降になるとアクションリサーチによる実践が増加し，授業の中の子どもの動機づけや，教師 – 子どもおよび子ども同士の人間関係など様々な現象を扱うようになった（大家，2020)。

(2) 同僚性（collegiality）（2章も参照）

　教師が学校の同僚と良好な関係を築き，いつでも相談したり，授業を省察したりできる人間関係が形成されていると，授業だけでなく子どもや保護者，地域との関係もうまくいく。リトル（Little, 1982）は，教育の専門家としての教師が同僚と連携すること，つまり同僚性の形成ができているか否かで，学校運営の方向性が分かれることを示した。教師の力量を培うには，学校の同僚との人間関係と学校長のリーダーシップが重要な鍵となる。

5 まとめ—「対話」が現代の「学び続ける教師像」に投げかけるもの

　平成 28・29 年告示の学習指導要領は，主体的・対話的な深い学びの実現を目指し，アクティブ・ラーニングによる学習者主体の学びのあり方を推進している。一見，新しい教育改革にみえるが，対話を中心とする教育は古代ギリシャ

時代に遡る。そしてルネサンス人文主義を経て，現代の教育改革に至るまで，「対話」は子どもの教育のみならず，大人の人間関係や教師の同僚性において大きな役割を果たしてきた（序章2節も参照）。

(1) 印刷術による「対話」の衰退

メディア研究者として名高いカナダのマクルーハン（McLuhan, H. M.）によれば，「書物やレポートは，書き手の固定された視点からのものであるべきだ」という概念は，グーテンベルクの手により生まれた活版印刷である。印刷術以前の書物（写本）は，書き写される度に本を手にした書写生の解釈や写し間違いが加えられ，それが継承されて多様な形態に変化していたという点で，対話的であった。

確かに印刷術展開期，写本文化をぬぐいきれない知識人たちの書き物には，まだ対話的なものが多い。ルネサンス人文主義の「王」エラスムスもそのひとりである。彼の『対話編』は，様々な身分の登場人物たちの間に交わされる会話を適切なラテン語で表し，教養の言葉であったラテン語を「よく話す」ことを教えるとともに，人生において出くわす様々な場面での模範的思考を示して，「よく生きること」を教えようとした教育の書だ。またベストセラー作家エラスムスの「作品」には，他の人文学者たちと交わした（往復）書簡がある。

こうしてみると，近代的な書物が定着する以前，西洋における思想の伝達は対話形式がむしろ主であった。現代のインターネット記事の書き換えは，写字生が写本の過程で変更を加えるのに似ている。ウィキペディアのように，多くの筆者に委ねられたページも同様で，そこには「対話」がある。インターネットへの書き込み，SNSでの人々のやり取り—私たちの日常生活にはテクノロジーによって可能となった，非常に速い速度での対話に溢れている。

(2) 対話が果たしてきた役割—古代ギリシャ時代に遡る「産婆術」と「問答法」

それではグーテンベルクの活版印刷が生まれる前，人々はどのように思想を残したのだろうか。古代ギリシャ時代には，ソクラテスは青年自らが真理を生み出すために「産婆術」を用いていた。「産婆術」とは質問と答弁によって相手から言葉を引き出す方法である。ソクラテスは，青年が自身の考えを産み出

し，真理を発見する手助けをするため，青年の思考を産婆のように引っ張り出したのである。なお，ソクラテス自身は著作を文字として残すことはなかった。ソクラテスに代わり，彼の思想を作品として残したのは，弟子のプラトンである。ソクラテスの「産婆術」は，彼の弟子プラトンが後に「問答法」と名づけた（序章2節も参照）。

　なぜソクラテスは自らを産婆に喩えたのであろうか。ソクラテスは「私は，大事においても小事においても，自分が賢明でないことをよく自覚している」（プラトン『ソクラテスの弁明』21B[(2)]）とし，「私は未だ嘗て誰の師にもなったことはない」（33A），「私は未だ嘗て誰にも如何なる知識も約束したり授けたりしたことはない」（33B）と語った。

　当時のアテナイではソフィストが知識，雄弁術，弁論術，修辞学など，立身出世のための世俗的な知恵を子どもに教授していた。ソクラテスはソフィストを，「人間の教育を請け負うことによって金銭を取る」（190D-E）職業的教育者として批判し，「何かを知っていると思っているが実はほとんどあるいは何も知らない人間」（23C）と考え，「知恵，真理，自分の魂の完成に配慮することも心を砕くこともなく，富の獲得や世間の評判，名誉ばかり気を配っていることを，恥ずかしいとは思わないのか」（29D-E）と問い正した。

　それゆえソクラテスは，「私は，何も知りはせず，何かを知っているとも思わない（21D），私自身決して賢い人間などではないし知恵ある発明などもなければ，自分の魂から生まれたものなど何もない」（150C-D）という無知の知に行き着いたのである。ソクラテスの役割は青年との問答を通じて，青年の意見や思想を産婆の如く引っ張り出し，青年が自ら主体的に知恵を得ていくための手助けをすることだった。プラトンの『ソクラテスの弁明』の中で，ソクラテスは一人ひとりの目を覚まさせることが教育の本質であると言明した。

(3) 教えるから学ぶへ—学び続ける教師像

　教師は学校教育制度において知識を教え，子どもの人格を育む職業であり，わが国では「教員」としての職位が法的に定められている（4，8，12章も参照）。また，現代の教育方法としてのアクティブ・ラーニングは新学習指導要領で新たに定義されたものだが，知識を教える職業としてのソフィストに対

して，ソクラテスは青年の声を引っ張り出すことが教育だと訴えたように，知識を伝達し，ICT ツールを駆使して現代風に授業を展開するにとどまるのが教師の専門性の行きつく路程ではない。ソクラテスに倣えば，児童生徒の声を聴き，声にならない声を引っ張り出すことが，教師の仕事である。SNS のやり取りやインターネットを使った瞬時の検索技術を追いかけ，追われる現代の子どもとそして教師にとっては，古代から中世への対話に相当するアクティブ・ラーニングは目新しく，かえって躊躇する場面があるかもしれない。だが，子ども同士，教師が同僚と，そして教師と子どもが協働で授業，学級そして学校を作りあげていくプロセスにおいて，「対話」は重要な役割を果たす。文部科学省が模索する「学び続ける教師像」は，教師のあり方を哲学に遡って様々な角度から常に考え続けることによって生みだされていくだろう。

注

(1) STEM とは，Science, Technology, Engineering, Mathematics の頭文字から成る用語で，科学・技術・工学・数学の教育分野を指す。
(2) 本節ではプラトン「ソクラテスの弁明」の該当箇所を「　」で括り，直後の（　）でステファノ版の頁数と段を示した。

参考文献

秋田喜代美（1997）．子どもへのまなざしをめぐって―教師論　鹿毛雅治・奈須正裕（編著）学ぶこと・教えること―学校教育の心理学（pp. 51-73）　金子書房

秋田喜代美（2004）．授業研究への心理学的アプローチ：文化的側面に焦点をあてて　心理学評論, *47*, 318-331.

Benson, P. (2011). *Teaching and researching autonomy* (2nd ed.). Harlow, UK : Pearson Education.

Bruner, J. S. (1983). *In search of mind : Essays in autobiography*. New York : Harper & Row. （田中一彦（訳）（1993）．心を探して―ブルーナー自伝　みすず書房）

Cochran-Smith, M., & Lytle, S. L. (1993). *Inside/outside teacher research and knowledge*. New York : Teachers College Press.

Cotterall, S. (2008). Autonomy and good language learners. In C. Griffiths (Ed.), *Lessons from good language learners* (pp. 110-120). Cambridge, UK : Cambridge University Press.

藤澤伸介（2004）．反省的実践家としての教師の学習指導力の形成過程　風間書房

Inaba, M. (2019). Out-of-class L2 learning activities and learners' social networks : Case studies of Australian and Swedish learners of Japanese. BAAL International Conference.

Lewin, K.（1946）. Action research and minority problems. *Journal of Social Issues, 2*, 34 −46.

Little, J. W.（1982）. Norms of collegiality and experimentation : Workplace conditions for school success. *American Educational Research Journal, 19*, 325−340.

McLuhan, H. M.（1962）. *The Gutenberg galaxy : The making of typographic man.* Toronto : University of Toronto Press.（森 常治（訳）（1986）. グーテンベルクの銀河系—活字人間の形成 みすず書房）

文部科学省（1998）. 平成 10 年度告示小学校学習指導要領 Retrieved from https : //www. mext.go.jp/a_menu/shotou/cs/1319941.htm（2021 年 11 月 16 日）

文部科学省（2008）. 平成 20 年度告示小学校学習指導要領 Retrieved from http : //nipais. com/wp-content/uploads/2014/01/86a6cb2401ccc0927eabe5a6ea2ef9e3.pdf（2021 年 11 月 16 日）

文部科学省（2017）. 平成 29 年度告示小学校学習指導要領 Retrieved from https : //www. mext.go.jp/component/a_menu/education/micro_detail/__icsFiles/afieldfile/2018/09 /05/1384661_4_3_2.pdf（2021 年 11 月 16 日）

文部科学省（2020）. 諸外国の教育動向 2019 年度版 明石書店

文部科学省（2021）. 令和 2 年度児童生徒の問題行動・不登校等生徒指導上の諸課題に関する調査結果の概要 Retrieved from https : //www.mext.go.jp/content/20201015-me xt_jidou02-100002753_01.pdf（2021 年 11 月 16 日）

文部科学省中央教育審議会諮問（2021）.「令和の日本型学校教育」を担う教師の養成・採用・研修等の在り方について（諮問）Retrieved from https : //www.mext.go.jp/b _menu/shingi/chukyo/chukyo0/toushin/1415877_00001.htm（2021 年 11 月 16 日）

文部科学省中央教育審議会答申（2012）. 教職生活の全体を通じた教員の資質能力の総合的な向上方策について（答申）Retrieved from https : //www.mext.go.jp/b_menu/s hingi/chukyo/chukyo0/toushin/1325092.htm（2021 年 11 月 16 日）

文部科学省中央教育審議会答申（2021）.「令和の日本型学校教育」の構築を目指して—全ての子供たちの可能性を引き出す，個別最適な学びと，協働的な学びの実現— Retrieved from https : //www.mext.go.jp/b_menu/shingi/chukyo/chukyo3/079/sonota /1412985_00002.htm（2021 年 11 月 16 日）

大家まゆみ（2020）. アクション・リサーチ：働きかけと反応のサイクル 中澤 潤（編）よくわかる教育心理学 第 2 版（pp. 208-209）ミネルヴァ書房

プラトン 久保 勉（訳）（1964）. ソクラテスの弁明・クリトン（プラトン）岩波書店

鈴木 栄・前田隆子（2020）. 地域連携と小学校の英語教育：学ぶから教えるへ 教職・学芸員課程研究, *2*, 53-70.

Vygotsky, L. S.（1978）. *Mind in society : The development of higher psychological processes.* Cambridge, MA : Harvard University Press.

巻末資料　教育関連法規リスト

■ 日本国憲法

https://elaws.e-gov.go.jp/document?lawid=321CONSTITUTION

■ 教育基本法

https://elaws.e-gov.go.jp/document?lawid=418AC0000000120

■ 児童の権利に関する条約

https://www.mofa.go.jp/mofaj/gaiko/jido/zenbun.html

■ 学校教育法

https://elaws.e-gov.go.jp/document?lawid=322AC0000000026

■ 学校教育法施行規則

https://elaws.e-gov.go.jp/document?lawid=322M40000080011

■ 教育公務員特例法

https://elaws.e-gov.go.jp/document?lawid=324AC0000000001

■ 教育職員免許法

https://elaws.e-gov.go.jp/document?lawid=324AC0000000147

■ 教育職員免許法施行規則

https://elaws.e-gov.go.jp/document?lawid=329M50000080026

■ 地方教育行政の組織及び運営に関する法律

https://elaws.e-gov.go.jp/document?lawid=331AC0000000162

■ 子どもの貧困対策の推進に関する法律

https://elaws.e-gov.go.jp/document?lawid=425AC1000000064

■ いじめ防止対策推進法

https://elaws.e-gov.go.jp/document?lawid=425AC1000000071

■ 教員の地位に関する勧告

https://www.mext.go.jp/unesco/009/1387153.htm

　「教員の地位に関する勧告」は文部科学省ホームページ，「児童の権利に関する条約」は外務省ホームページ，それ以外は E-GOV 法令検索の URL である。「E-GOV 法令検索」は，憲法・法律・政令・勅令・府令・省令・規則について，府省が確認した法令データを提供している。

事項索引

人名索引

【執筆者一覧】（五十音順，*は編者）

飯高晶子（いいたか・しょうこ）
東京理科大学非常勤講師
担当：6章

大家まゆみ（おおいえ・まゆみ)*
東京女子大学教授
担当：3章，5章1・2節，13章1・2・4・
　　　5（2）（3）節

河野誠哉（かわの・せいや）
東京女子大学教授
担当：2章

神林寿幸（かんばやし・としゆき）
明星大学准教授
担当：9，10章

庄井良信（しょうい・よしのぶ）
藤女子大学教授
担当：11章

菅宮恵子（すがみや・けいこ）
東京女子大学・元神奈川県立高校情報科・
元慶應義塾湘南藤沢高等部情報科・元フェ
リス女学院高校情報科非常勤講師
担当：7章

杉下文子（すぎした・あやこ）
田園調布学園大学非常勤講師
担当：13章5（1）節

鈴木　栄（すずき・さかえ）
元東京女子大学教授
担当：13章3節

萩原俊彦（はぎわら・としひこ）
東北学院大学教授
担当：5章3節

本田伊克（ほんだ・よしかつ)*
宮城教育大学大学院教授
担当：4章

松本恵美（まつもと・えみ）
弘前大学助教
担当：序章3節

宮澤孝子（みやざわ・たかこ）
宮城教育大学大学院准教授
担当：8章

山岸利次（やまぎし・としつぐ）
長崎大学准教授
担当：1，12章

山梨あや（やまなし・あや）
慶應義塾大学教授
担当：序章1・2節

これからの教職論

教職課程コアカリキュラム対応で基礎から学ぶ

2022 年 4 月 30 日　初版第 1 刷発行	（定価はカヴァーに
2024 年 10 月 30 日　初版第 2 刷発行	表示してあります）

編　者　大家まゆみ

　　　　本田　伊克

発行者　中西　良

発行所　株式会社ナカニシヤ出版

〒606-8161　京都市左京区一乗寺木ノ本町 15 番地

Telephone 075-723-0111

Facsimile 075-723-0095

Website http://www.nakanishiya.co.jp/

Email iihon-ippai@nakanishiya.co.jp

郵便振替　01030-0-13128

装幀＝白沢　正／印刷・製本＝亜細亜印刷

Printed in Japan.

Copyright©2022 by M. Oie & Y. Honda

ISBN978-4-7795-1652-8